如何阅读马基雅维利
How to Read Machiavelli

［意］毛里齐奥·维罗利(Maurizio Viroli)　著

刘国栋　译

重庆大学出版社

毛里齐奥·维罗利（Maurizio Viroli）：普林斯顿大学政治学教授。他的主要著作包括《让·雅克·卢梭和"良序社会"》（*Jean Jacques Rousseau and the 'Well-Ordered Society'*）和《尼科洛的微笑》（*Niccolò's Smile*）等。他编辑出版了马基雅维利的《君主论》（*The Prince*），还合作编辑出版了《马基雅维利与共和主义》（*Machiavelli and Republicanism*）。

目　录

丛书主编寄语

我如何阅读
"如何阅读"丛书？

本丛书基于一个非常简单却又新颖的创意。为初学者进入伟大思想家和著作家提供的大多数指南，要么是其生平传略，要么是其主要著作概要，甚或两者兼具。与之相反，"如何阅读"丛书则在某位专家指导下，让读者直接面对伟大思想家和著作家的著述。其出发点是：为了接近某位著作家的著述之究竟，您必须接近他们实际使用的话语，并学会如何读懂这些话语。

本丛书中的每本书，某种程度上都堪称一个经典阅读的大师班。每位作者都择录十则左右著作家原作，详加考察以揭示其核心理念，从而开启通向思想世界之整体大门。有时候，这些择录按年代顺序编排，以便了解思想家与时俱进的思想演变，有时候则不如此安排。丛书不仅是某位思想家最著名文段的汇编、"精华录"，还提供了一系列线索或关键，能够使读者进而举一反三有自己的发现。除文本和解读，每本丛书还提供了简明生平年表和进阶阅读建议，以及网络资源等内容。"如何阅读"丛书并不声称，会告诉您关于这些思想家，如弗洛伊德、尼采和达尔文，甚或莎士比亚和萨德，您所需要知道的一切，但它们的确为进一步探索提供了最好的出发点。

本丛书与坊间可见的这些思想家著作的二手改编本不同，正是这些人塑造了我们的智识、文化、宗教、政治和科学景观，"如何阅读"丛书提供了一套耳目一新的与这些思想家的会面。我们希望本丛书将不断给予指导、引发兴趣、激发胆量、鼓舞勇气和带来乐趣。

西蒙·克里奇利（Simon Critchley）
社会研究新学院　纽约

　　我在参考英文译本的时候，使用了书名缩写，标注了卷和章的出处，但在参考"书信集"与"全集"时，我标注了页码。在必要的时候，我对英文译文进行了修改。

　　P: 《君主论》（*The Prince*），ed. and trans. Peter Bondanella with an Introduction by Maurizio Viroli (Oxford University Press, 2005).

　　D: 《论李维》（*Discourses on Livy*），trans. Harvey C. Mansfield and Nathan Tarcov (University of Chicago Press, 1998).

　　AW: 《用兵之道》（*The Art of War*），Christopher Lynch (ed.) (University of Chicago Press, 2003).

　　FH: 《佛罗伦萨史》（*Florentine Histories*），ed. and trans. Laura F. Banfield and Harvey C. Mansfield Jr. (Princeton University Press, 1990).

　　OW: 《马基雅维利全集》（*The Chief Works and Others*），

ed. and trans. Allan Gilbert (Durham, NC, Duke University Press, 1965), 3 vols.

L:《马基雅维利与朋友们：书信集》（*Machiavelli and his friends: Their Personal Correspondence*），James B. Atkinson and David Sices (eds) (Dekalb, Northern Illinois University Press, 1996).

我参考的拉丁文的尼科洛·马基雅维利全集是 Opere, Corrado Vivanti(ed.)(Turin, Einaudi, 1997-2005), 3 vols.

导　论

p.1 　　如果想要真正了解马基雅维利的著作，那就必须暂时搁置——甚至质疑——长期以来学者和大众形成的关于其著作的一系列流行观点。其实，它们当中的相当一部分反映的是政治思想史晚近时期才形成的一些观念。如果要对马基雅维利政治思想有一个正确的解读，那就必须首先考察其政治和知识背景。

　　1469年5月3日，马基雅维利出生于佛罗伦萨，当时强大的梅迪奇家族掌控着该城市的政局。1494年，他目睹了法国国王查理八世的入侵，该事件使意大利从此逐渐丧失了独立自主的地位。与此同时，在多明我会修道士热罗尼莫·萨沃纳罗拉——其本人在1498年被当作宗教异端审判处死——的道德和政治教义的鼓吹下，佛罗伦萨建立起了一个共和政府。共和政府时期，作为政府的高级官员，马基雅维利负责国家的外交事务。然而，1512年，在西班牙和教皇军队的联合入侵下，共和政府覆灭了，佛罗伦萨又重新落入梅迪奇家族的掌控之中。马基雅维利不仅被解雇，很快还因阴谋推翻新政府的罪名被逮捕入狱，并遭受了残酷的刑罚。直到1527年去世前，马基雅维利把自己的主要精力都放在了政治和历史论文的创作之中，写下了众多的著作，比如《君主论》（1513年）《论李维》（1513—1519年）《用兵之道》（1521年）和《佛罗伦萨史》；同时他还完成了多部喜剧和诗歌著作，尤其是《曼陀罗》（1518年）和《金驴记》。他在世的时候，只有《用兵之道》一部重要论著于1521年出版，《君主论》和《论李维》都是在他死后分别于1532年和1531年才出版的。1512年后到逝世前，马基雅维利再也没有担任过任何重要的政治职务，他试图做了一些防止意大利被外国奴役的工作，但大都是徒劳。虽然大部分学者把马基雅维利视为一位纯粹的政治理论家，但他本人还提出了一种强有力的道德哲学理论，即人类悲惨的境遇可以通过献身于一些伟大的观念而得到规避。他强调人性的恶，但对人类的弱点却持一种善意的揶揄态度。在此意义上，马基雅维利关于人性的看法反映出意大利文艺复兴时期的道德哲学的精神。

尽管马基雅维利本人拥有一颗无比诚挚的灵魂，还满怀热忱地投身于自己的共和国和整个意大利的公共事业，但是人们仍然把他视为政治诈术的导师和鼓吹者："目的正确即手段正当"；不能以适用于普通个人的正义和正直的道德原则为依据来评判一项政治行动，它只能建立在成功与否这唯

p.2

一的法则之上。但是，我们也不能忽略一个基本的事实，即马基雅维利从来没有写下上面的文字，也没有表示过为了征服或保持政治权力，残暴、欺骗和不忠就都是合理的。他在专制国、君主国与共和国之间做了区分，坚定地认为暴君是最邪恶的人。"在受到赞美的人中间，享有赞美最多的首推宗教首领和创立者，次为共和国或王国的创建者……相反，毁坏宗教者，挖王国或共和国墙脚的人，同给人类带来便利与光荣的美德、文学和各种技艺为敌的人，譬如不敬神明者、愚顽无知者、暴徒、懦夫、懒汉、下贱坯，都是可耻可憎之人。没有人疯癫或聪慧到无以复加，达于至善或至恶，当人类的两种品性摆在面前供他选择时，他竟然不去赞美理当赞美之事，羞辱理当羞辱之人。"（*D*, I .10）

即便是一项光荣的政治事业，比如建立一个良好的王国或共和国，不道德的手段顶多算是一种借口，而根本不能成为合理的理由。建立新的国家的时候，避免使用非道德和暴力的手段，才是最光荣的事情。"那些运用法律和制度对王国和共和国进行改革的人们，没有什么人的什么行为能够获得比他们更多的赞誉了；除了诸神明，他们就是首先要被赞美的对象。"（*OW*, i .115）即便一件事本身是光荣的，那也无法洗刷它达成目标前所犯下的罪行，相反，通过正当手段达成好的政治目标才是最值得赞扬的。

马基雅维利并不建议君主和共和国的首领"使用一切手段夺取和保有权力"。相反，他敦促政治首领们通过恰当的手段来建立良好的政治秩序，从而追求真正的光荣。杀害自己的公民同胞、出卖同盟、缺乏信用、毫无恻隐之心、没有宗教信仰，一个人通过这些手段"可以赢得统治权，但是不能赢得光荣"。（P, Ⅷ）马基雅维利的这些论述相当重要。他认为光荣是君主和政治首领应该追求的目标。不讲光荣，依靠罪恶手段去谋求权力，这仅仅是君主的最后选择。因此马基雅维利说，像叙拉古的暴君阿加索克勒斯那样的人只拥有"邪恶的野蛮残忍和不人道，不允许他跻身于大名鼎鼎的最卓越的人物之列"。（P, Ⅷ）政治首领们只有在缺乏合适的手段去完成伟大政治行为的时候，才可以诉诸罪恶，但也应该尽快回到正确的道路上。马基雅维利最崇尚的英雄是摩西，说他"不得不除掉无数仅仅出于嫉妒而反对他的人"。（D, Ⅲ.30）然而，上帝始终是摩西的朋友，并在摩西杀人的时候仍然站在他那一边。马基雅维利的政治教义是，当一个良好的政治目标使残暴、邪恶或欺诈行为成为必要的时候，上帝本人已经准备好原谅这些行为了。这种政治伦理——马基雅维利认为是一个好人应该提出的良好建议——比老生常谈的"目的正确即手段正当"必定会更加令很多读者不适，然而它却有着完全不同的意义。

p.4

人们还有一个流行的误解，即把马基雅维利的著作视为对政治生活的客观的研究结果，并把马基雅维利本人视为当代政治科学的先驱者之一。恩斯特·卡西尔说："伽利略的《对话》和马基雅维利的《君主论》确实都是'新科学'。"

正如伽利略力学成为现代自然科学的基础，马基雅维利也开创了政治科学的新路径。[1]但是，卡西尔和其他的分析者都忽略了马基雅维利自己的意图：在创作全部政治和历史著作的时候，马基雅维利不仅像科学家那样去描述和解释事实，最重要的是他还像演说家那样去劝说读者采取行动。如果仅把《君主论》和其他的著作当作一种科学研究的文本去阅读，那么我们可能根本无法理解这些著作的意义，也无法读懂作者的意图。

通过触动读者的心灵、调动读者的情感，马基雅维利试图敦促他们能有所行动。像当时所有的人文主义者那样，他在创作著作原稿的时候遵循了古典修辞学的原则。雄辩术在佛罗伦萨被视为自由的政治生活的最高点缀，也是优秀公民必备的素养。马基雅维利生于斯，也在这里接受了教育，因此他彻底养成了这种思考和写作的方式。此外，他曾经担任过佛罗伦萨共和政府第二秘书厅的秘书长，还接受过当时的著名学者马尔切洛·阿德里亚尼的学术训练。因为工作的需要，马基雅维利一直从事着政治修辞术的实践，尤其是在内政外交政策事务上，他要给共和政府的高级官员们写信，或者时时要为共和政府的最高执政者们撰写演说稿件。他的信件和演说稿件必须要迎合那些乐于欣赏优雅文风和论说文章的人群，因为他们都熟练地掌握着各种修辞术。

很多读者把《君主论》视为一本政治科学手册，但实际上它是一篇长演说词。正如文艺复兴时期很多其他的演说词一样，《君主论》开篇附有一篇恰如其分的序言。"尼科洛·马基雅维利上洛伦佐·梅迪奇殿下书"的献词应该足以引起读者的兴趣。马基雅维利必须要非常谨慎，因为他曾经是前共和政府的秘书长，而现在人微言轻的他竟然敢对新政权的事务指手画脚。这在当时是非常出位的行为，因此他必须用一篇短短的序言来努力消除梅迪奇对自己的敌意。马基雅维利倒是收获了读者的好感，他在序言中展现了自己的善良品质、为国履职的服务经历，以及处理国家事务的能力，同时他还历数了苦难和恶意带给自己的厄运。他坚信恰恰是自己的身份，才使他最适宜来讨论国家的事务。"我想，一个身居卑位的人，敢于讨论和指点君主的政务，不应被当作僭妄，因为正如那些绘风景画的工匠，为了考察山峦和高地的性质便侧身于平原，而为了考察平原便高距山顶，同理，深知人民的人应该是君主，而深知君主的人应属于人民。"

将《君主论》视为一份演说词的最清晰证据在其最后一章"奉劝将意大利从蛮族手中解放出来"。如果没有这一章，马基雅维利整部书可能无法引起读者情感上的共鸣，从而让他们有所行动。他撰写这一章的目的就是要激发读者的愤慨和同情，这很明显不是一位科学家应该做的事。通过突出蛮族施加于意大利之上的残暴和傲慢，马基雅维利向读者传递了愤慨的情感；通过指出意大利的孱弱和无助，他又向读者传递了同情的情感："比希伯来人更受奴役，比波斯人更受压迫，比希腊人更加分散流离，既没有首领，也没有秩序，

p.5

受到打击，遭到劫掠，被分裂，被踩躏，并且忍受了种种破坏。"（*P*，XXVI）很多马基雅维利的评论者认为最后一章与《君主论》前面的内容存在冲突，但事实是"奉劝章"才是整部著作最恰当的结尾。

马基雅维利在自己所有的著作当中无数次地提到了古典和现代的历史人物，他的目的就是要使自己的论证更加生动清晰和具有说服力，从而激发人们产生热情去效仿伟大的政治和军事首领。"当论述君主和政府都是全新的君主国的时候，我援引最伟大的榜样，任何人都不应该感到惊异"，因为一个理智的人必须要效法伟大人物的足迹，即便"能力有限无法像他们那样强大，但至少会带有几分气派"。（*P*，VI）基于同样的原因，马基雅维利大量使用了明喻、象征和隐喻。在解释君主必须能够运用诈术和暴力的时候，他借用了狮子和狐狸的象征。在论述君主绝不应该依赖援军的时候，他在《圣经》当中找到了一个"特别合适的人物形象"来说明问题。"大卫请求扫罗王让自己同非利士人的挑战者歌利亚战斗。于是扫罗为着使他壮胆，把自己的铠甲给他穿戴，可是当大卫试了一下之后就立即谢绝了。他说，铠甲限制了自己的力量，他宁愿使用自己的投石器和刀同敌人周旋。"（*P*，XIII）

把马基雅维利视作一位演说家而非政治科学家，这个判断可能会削弱他在一些读者和学者心中的地位，因为他们认为政治学应该通过类似其他社会科学甚至是数学的方式，来

加以研究。但是我认为，基于历史知识的政治学研究要比
18世纪开始就取得智识霸权地位的科学路径来得更加有效。
我强调马基雅维利的演说家身份，这将使他居于当代学者之
上，但更为重要的是，这恢复了事情本来的面目。

另外一个关于马基雅维利的流行看法是把他视为政治男
权主义的始作俑者。马基雅维利坚信自主、理性的男性价值
优于依赖、非理性的女性价值，因此他的政治活动就像是一
个充满焦虑感的男人誓死捍卫某些男性气质。但是，撇开当
时的历史环境，马基雅维利在评论现实中的女性时，使用了
平等的语言。马基雅维利曾经与一位妓女里恰保持了多年的
情人关系，他称呼她为"女性朋友"（*amica*）。他平等地对
待女性，有时甚至甘愿沦为她们的附庸。里恰小姐跟马基雅
维利对话的时候，则把他当成一位男性朋友。一旦她厌烦了
贫困潦倒的马基雅维利，就直接称呼他为"家里的害虫"，
正像马基雅维利的老朋友多纳托·德尔·科尔诺叫他"店里
的害虫"一样（*L*, 278）。在颇具自我幻想色彩的诗歌《金
驴记》（*VI*, 25-7）当中，马基雅维利讲述了对待女性的平等
态度和他们之间的友谊。故事的主人公说："过了片刻，她
（喀耳刻女巫的侍女）还有我，便一起絮叨了许多许多的事，
就像一个朋友与*另一个*朋友在对话。"马基雅维利这里写
"另一个"的时候，使用的是阳性的意大利语单词 *l'altro*，表
示的是一个男人与另外一个平等的男性朋友之间的对话。

马基雅维利的著作和他的个人生活充分证明，他乐于牺

p.7

牲自主的男性价值而换取依赖的女性价值，并且他也十分乐意委身于激情。1515 年 1 月 16 日，弗朗切斯科·韦托里写信给马基雅维利说，"再也没有比性爱更幸福的事情了。男人可以按照喜好发表各种高谈阔论，但这是一个纯正的真理"。（*L*, 311）马基雅维利则在回信中附了一首十四行诗来表达爱的力量，他说即便自己知道如何挣脱爱情的锁链，他也不会那样做，因为"这些镣铐甜蜜，时轻时重；它们把我重重绑缚，以致使我认为，没有这种生活，我会活得毫无乐趣可言"。（*L*, 312）他知道爱情会给自己带来痛苦，但是美妙的女性则太过强大和诱人。"我在其中享受了如此的甜美，既因为那美好和温柔的容颜，又因为它使我忘掉了生活中的艰难困苦；这世间我最不想要的就是那些痛苦的回忆，而我得到了解脱。"（*L*, 293）如果捍卫自主是男权主义的典型特点，那么尼科洛·马基雅维利的确是名不副实的。

　　几个世纪以来，马基雅维利被视为暴君的导师、狂热的共和主义者，或者一个为了权力而愿意委身于任何主子的人。但是，1521 年当佛罗伦萨前共和政府的正义旗手，同时也是马基雅维利的政治庇护人皮耶罗·索德里尼，要为其提供一个为雇佣兵首领普罗斯佩罗·科隆纳担任秘书的高薪职位的时候，马基雅维利拒绝了，尽管当时他基本赋闲在家，唯一的工作是以微薄的收入受枢机主教朱利奥·德·梅迪奇的委托在编纂佛罗伦萨的历史。早些时候，马基雅维利还拒绝了出任拉古萨共和国的高级行政职位的邀请。由此可见，马基雅维利并不是一个愿意攀附权贵的人。

与其去追求权力，马基雅维利更愿意展示自己的治国才干和正直品格。在1513年12月10日写给弗朗切斯科·韦托里的著名信件中，他流露了希望梅迪奇雇用自己的强烈愿望，哪怕是能够出任最微不足道的职务。马基雅维利通晓治国之术，并且对共和政府怀有无可置疑的忠诚。他希望梅迪奇能够阅读自己写就的"这小小的一卷书"，并认真考虑自己曾经对佛罗伦萨所做的一切。"到时候，我若不能获得他们的眷顾，我就只好怨自己了。他们读了这本书（《君主论》的手稿）就会发现，十五年来我既没有睡大觉，也没有混日子，而是一直在钻研治国的技艺，谁都会乐于接受一个能从他人失败的代价中汲取丰富经验之人的服务。至于我的诚实，应该没问题吧！因为我一直保持着诚实，所以现在也不会去毁掉它，况且像我这样一个四十三年来一直保持诚实的好人，是不会改变自己的本性的；能够见证我的诚实与善良的，正是我的贫穷。"这绝不是一位热衷于向任何形式的政权乞食的人能够说出来的话，而更像出自一位愿意献身国家，并渴望成就伟大功绩的公民之口。

由于梅迪奇家族持续的敌意，除了一些十分卑微的差使，马基雅维利再也没有能够担任任何高级的职位。1521年，作为佛罗伦萨任命的使节，当马基雅维利被派往摩德纳附近的卡尔皮去参加方济各会修士大会的时候，他还要为梅迪奇处理一件微不足道的小事。马基雅维利到达卡尔皮后，在佛罗伦萨羊毛业行会的一位官员的请求下，他甚至还要去处理一件更加不光彩事务——找一位四旬斋节的布道者。即便这件事对自己的才干和名誉是一种侮辱，马基雅维利仍然尽了自己最大的努力去为共和国服务。"无论何时只要能为共和国排忧解难——若无法以行动，便以言辞，若无法以言辞，便以表情——我都不曾让她失望，所以现在我也不打算让她失望。"马基雅维利亲身实践了自己宣扬的教义。在《论李维》当中，他还说"地位尊贵的公民，不可蔑视人微言轻的公民"。(D, I.36)

马基雅维利最有意义的工作是其关于政治自由的共和主义理论著述。他创作《论李维》来复兴古罗马共和国的政治智慧，并以其为摹本形成了一系列关于政府形式，以及何种精神伦理最适于维持自由和伟大共和国的重要思想。他认为良好的政治制度需要合理的军事规范，因此，他还创作了《用兵之道》来复兴和实践古罗马传统的军事制度（AW, Preface, 4-5）。在他最后一部重要著作《佛罗伦萨史》中，他敦促人们吸取先辈们的沉痛教训，避免他们曾犯下的错误，使自由丧失，城市腐化，同时，他希望人们能够遵循共和国政治那些真正的原则，最终过上一种自由的公共生活。

后世的政治理论家承认，马基雅维利是共和主义传统的一个分水岭。共和主义发端于古希腊和罗马时代的政治观念，在数世纪的时间里发展出了关于政治自由及其制度和道德条件的一系列观念。但是只有到了马基雅维利的时候，共和主义政治观念才开始面对现代社会，特别是现代意大利社会的所有问题。基于这个原因，当然也因为马基雅维利的优雅文风，所有现代的共和主义思想家都能够从他的著作中得到启发和教诲，即便他们也提出了不少的批评。

p.10

马基雅维利的著作在漫长的历史时间里所带来的一系列影响与他个人真正的政治信仰，无法画上绝对的等号。正如两位著名学者指出的那样，他从来都不属于梅迪奇政权的一分子。梅迪奇政权（1512—1527年）本质上是君主制的，它的重要家族成员控制着城市的政治。因此马基雅维利从未赞扬过该政权，梅迪奇也从未认为马基雅维利是其朋友。马基雅维利曾明确地表示共和制优于君主制。"说到做事的精明和持之以恒，我以为人民比君主更精明、更稳健，判断力更出色。人民也许在大事上、或在有益的事情上出错，就像前面说过的那样；但是，君主不是也经常因为自己的欲望而栽跟头，并且次数大大多于人民。还可以看到，在推选官员上，他们的选择远胜过君主；人民也从来不会惑于言辞，把荣誉授予声名狼藉、腐化堕落之徒；而劝说君主不但容易，手法又何止千万。"除此以外，他还说，"可以看到，在人民担任统治者的城邦，能在极短的时间内取得超乎寻常的扩张，比一直受君主统治的城邦大得多。例如驱逐了国王后的罗马，以及摆脱了皮西斯特拉图斯后的雅典。民治优于君主统治使然，除此而外，再无其他原因"。（*D*, I.58）

另外还有一份关于马基雅维利共和主义立场的强大证

据，那就是1521年他在枢机主教朱利奥·德·梅迪奇的一再要求下，谋划了一份佛罗伦萨宪制改革的建议书。在这份文本中，马基雅维利公开建议这位权高位重的枢机主教恢复城市的共和政治。他解释说，佛罗伦萨的平等传统使人民无法容忍一位君主，如果硬要给这个城市安排一位君主，那就是残暴和令人憎恨的行为。不满足人民的需求，城市就不可能拥有一个稳定的共和国。唯一让人民满意的办法就是"重新敞开政府的大门"，也就是恢复共和制政府。除了共和主义，马基雅维利再也不可能有其他更明白、更重要的立场了，因为这份建议书的直接呈送对象是佛罗伦萨的实际统治者枢机主教梅迪奇。

除了重要的政治和历史著作，马基雅维利还创作了意大利最优秀的戏剧之一的《曼陀罗》。他完成该作品的时间大概是在1518年，或许他当时正处于人生最艰难的时期。那时他已经六年没有任何工作了，也完全没有可能得到一份来自佛罗伦萨或罗马的新工作。他几乎失去了所有的朋友，与家人仅靠着乡下的一点薄产而苦苦挣扎。他甚至曾经幻想过抛弃佛罗伦萨和家人而去外地教小孩子读书写字。然而，他还是选择留在了佛罗伦萨，并创作了一部让观众捧腹大笑的著作。如果有人觉得写这样的故事会使一位睿智和严肃的人显得不甚得体，那么马基雅维利说："请找这样的借口吧，为了让他痛苦的人生变得好受一点，他不得不进行琐碎的思考；否则他又能做什么呢？真可谓英雄无用武之地，一文不名了。"既不是什么军官上校，也不是什么立法者、君主，这部戏剧的主人公们包括了"一位忧郁的情郎，一位无论怎么看也不精明的法官，一位邪恶的修士，还有一位无恶不作的食客"。整部作品都不是要激励人们去效法高尚的道德模范，而仅仅是为了博人们一笑。马基雅维利说："如果你不笑，我愿意替你出酒钱。"（*OW*，Ⅱ.776-7）

马基雅维利既能写严肃的政治著作，也能写一些短小、诙谐和自嘲的作品。他生活在这种哲学精神之下，甚至还做过一番理论上的总结。马基雅维利在一封写给韦托里的信中说："任何人要是看到我们的书信，我敬爱的同道啊，看到它们的丰富多彩，必定会大为惊讶。乍一看，我们似乎都是严肃的人，注意力完全集中于重大事务，头脑中流过的任何想法，无不关乎庄重、笃实。不过翻到下一页，读者就会发现，我们——仍是同一个我们——猥琐、轻浮、好色，专爱干些荒诞不经的事。这种行为若在有些人看来是可鄙的，在我看来则是值得称道的，因为我们是在效法自然，多变的自然。任何效法自然的人都不应当受到非难。"（*L*，961-2）。很少有政治理论家能够像马基雅维利这样把不同的思想维度调和在一起，严肃与琐碎、寻常与宏大、相对与绝对。正是因为他表现出的独特的智慧和深邃的人性特质，马基雅维利的著作在今天仍是值得认真阅读的。

1

爱：政治、家庭与女人

黄昏时分，我就回家，回到我的书斋。在房门口，我脱下了沾满尘土的白天工作服，换上朝服，整我威仪，进入古人所在的往昔宫廷，受到他们的热心款待；我在只属于我的精神食粮中汲取营养，这是我天生就适于食用的。在那里，我毫无顾忌地和他们交谈，问他们出于什么动机而做出那些行动，他们亲切地回答我的问题。在四个钟头里，我丝毫感觉不到疲倦，我忘记了一切烦恼，我不怕穷，也不怕死，我完全被他们迷住了。但丁说过，已知的东西不等于学问，除非把它记录下来；他们的谈话对我大有助益，我记下了一切，写成了一本小册子《君主论》。在这本书里，我尽我所能钻研这个主题，探讨君主国是什么，它们有哪些类型、如何获得、如何维持以及为何丧失。如果我的任何幻想曾给过您快乐的生活，这本书想必也不会令您失望。它还应该受到一位君主，特别是一位新君主的欢迎。因此，我要把它献给朱利亚诺殿下。菲利波·卡萨维基亚已经看过此书，他能告诉您这部作品的内容以及我同他关于这个话题的讨论，尽管我还在扩充和修订它。

p.14

……

有一个原因强烈地驱使我把它献出去，因为我用光了自己的钱，现状已难以为继，我很快就会因为贫穷而受人蔑视。此外，我希望我们现任的梅迪奇君主能起用我，就算他们让我从滚石头干起也行。到时候，我若不能获得他们的眷顾，我就只好怨自己了。他们读了这本书就会发现，十五年来我既没有睡大觉，也没有混日子，而是一直在钻研治国的技艺，谁都会乐于接受一个能从他人失败的代价中汲取丰富经验之人的服务。

——1513年12月10日写给韦托里的信
《马基雅维利全集·书信集（下）》
吉林出版集团有限责任公司2013年版（段保良译）

在这封写给弗朗切斯科·韦托里（佛罗伦萨共和政府派

驻罗马教廷的大使）的信中，马基雅维利描述了自己的内心世界。从中我们至少能够了解《君主论》《论李维》这两部著作的作者之一二。马基雅维利一生有两大爱好：政治与女人。在遭遇了极大的痛苦后，他终于向自己的朋友敞开了心扉。一年前，他刚失去了佛罗伦萨共和政府第二秘书厅秘书长的工作。梅迪奇家族统治下的佛罗伦萨实际上已经从共和国变成了君主国。马基雅维利从此被排除于佛罗伦萨的政治核心圈之外。他与自己的家人居住在乡村，远离了政治权力、人生事业和繁忙的公共生活。在马基雅维利经历政治失意之后，除了极少数的亲密朋友，他的绝大部分朋友们也与他断绝了来往。正是在这段时间里，他创作了自己最重要的政治著作《君主论》。马基雅维利不是一位专注于某一话题而传授某一类知识的学者，也不是一位冷峻的资政作家。相反，他在著作中倾注了自己热烈的情感和真诚的灵魂。如果我们想从时间和历史的偏见谜团中了解他的著作，那么就必须从认识他本人做起。

p.15 　　马基雅维利一直被冠以"罪恶导师"的名声，人们觉得他是一位在撒旦的指引下从事创作的作家。但是，马基雅维利实际上是一位无比忠诚和正直的公民。在被解除了所有的职务之后，新政权对他进行审查，看他是否有任何的不法行为，特别是看他是否贪污过共和政府的钱财。在马基雅维利负责给军队士兵发放薪水的岁月里，他曾管理着巨额的金钱。然而，敌对政权任命的陪审员当中没有一个人能够指证马基雅维利曾有任何的不当行为。他曾无数次自豪地表示"我的贫穷证明我的诚实"。1512年以前，在马基雅维利为共和政府效力期间，尽管不断受到佛罗伦萨贵族的不满与猜忌，甚至是公开的仇视，他都不遗余力地为国尽职，不辞辛苦，不畏艰险。马基雅维利对人性之恶的唯一反击是1508年创作的一首《论忘恩负义》的短诗。为国尽忠对他来说是一种个人的荣誉，是良心命令下达的必须要履行的义务。

在私人生活中，马基雅维利感受到了妻子玛丽埃塔·科尔西尼真挚而持久的爱。玛丽埃塔深爱着马基雅维利，在自己的丈夫因为要处理佛罗伦萨的外交事务而频繁长期离家的时候，她感到极度地悲伤。玛丽埃塔时有抱怨和抗议，这说明她一点都不惧怕自己的丈夫。马基雅维利则在给妻子的回信中委婉地表达了责备之意，甚至还故意拿她的不满情绪开玩笑。马基雅维利一回到家，家里的每一个人都感到高兴。他亲切地称家人为"伙计们"——一个对佛罗伦萨的朋友们的同样称呼。马基雅维利是全家的依靠。1527年他的儿子圭多写信说："我们不再害怕日耳曼士兵了，因为您承诺过，不管发生什么事，您会努力和我们在一起。玛丽埃塔夫人也不担心了。"（L, 417）马基雅维利尽可能地亲近自己的家人们，希望子女们拥有配得上的美好人生。"如果上帝赐予你我以生命，我会让你成为地位优越的人，只要你肯做你的分内之事。"马基雅维利认为圭多该做的事就是"行为端正和保持学习"，因为他提醒儿子说，只有德行才是真正光荣的。

p.16

（L，413）德行与怜悯心就是全部该做的事，正如马基雅维利在一封写给儿子圭多的信中讲述的一头疯驴的故事那样："我希望你非常特殊地对待它，因为其他动物都被绑起来，但你要给它自由。把它交给万杰洛，让他把它牵到普利亚诺山上去，脱掉它的笼头和缰绳，让它自由地去找吃的，这就能消除它的疯癫。领地如此之大，这个动物又这么小，它没有什么危害。"（L，413）如果一头动物疯了，就应该给它自由，那么对于那些不幸、无助的生灵来说，这是一堂多么好的关于自由和怜悯心的课啊！同时这不也是一种最高尚的道德哲学吗？

马基雅维利年轻的时候聆听过修道士热罗尼莫·萨沃纳罗拉的布道。很可能从他的身上，以及佛罗伦萨的政治传统之中，马基雅维利形成了对共和主义价值观念的崇拜，即统治者必须全心全意地致力于城邦的共同善；政治自由是最高的价值；如果要拥有免遭敌人威胁的自由生活，公民们则须拥有高水准的德行。与萨沃纳罗拉相似，马基雅维利认为拥有极大财富的富人是共和国自由的致命危险，因为富人们总是有能力利用金钱提供施舍、恩惠和庇护，从而获得别人的服从和效忠，这就腐化了共和国的政治和道德生活。他希望佛罗伦萨的公民同胞们拥有高尚的德行，但与萨沃纳罗拉不同的是，他不是要人们成为实践基督教价值观念的道德圣人。欢愉、文化和艺术美学上的作品，都是马基雅维利所推崇的东西。但丁、普鲁塔克、薄伽丘，以及拉丁爱情诗人，都是他喜爱的作家。薄伽丘的一句格言对他启发甚大：做了某事而后悔好过不做而后悔。

马基雅维利把自己所有的社会关系都转化成了朋友关系。他以朋友之道对待维奇奥宫的所有下属。在马基雅维利因公务离开佛罗伦萨的时候，他的妻儿多有抱怨，因为她们不仅希望得到他的保护，还十分怀念他在讲述和创作故事时所展现出的让人无法抗拒的幽默的天赋。除了那些政治上的敌人——大多来自佛罗伦萨的贵族寡头，马基雅维利受到了每一个人的喜爱，尤其是女人。马基雅维利的确有相当多的情事：一些属于肉体上的欢愉，一些属于热烈的迷恋，另一些则是长久的陪伴之情。他长期与妓女卢克蕾佳（马基雅维利称她为里恰小姐）保持着关系。其中有很强的肉欲色彩，但是在马基雅维利人生穷困潦倒的至暗时刻，他在卢克蕾佳那里也获得了支持和理解。

被迫从政治生活隐退之后，马基雅维利开始详细地讨论政治。他认为，政治是道德和智识能力得以有效发挥的最高领域。在本章开始的简短引言里，马基雅维利向我们展现了他如何置身于古代伟大的作家之中，正如一个恋爱中的人把自己呈现在恋爱对象面前一样。在思考政治问题的时候，他进入了另外一个更高级、更高尚的世界。在古代伟大的历史学家和政治首领们的影响下，马基雅维利获得了新生。他们的精神营养赋予他的灵魂以真正的生命，把他从寂寞、贫困与死亡的恐惧之中给解救了出来。在考察古人的政治智慧的时候，马基雅维利完成了两方面的救赎：既把古人的智慧从被遗忘的状态之中解救了出来，又把自己从世人的仇恨和命运导致的悲惨境地中解救了出来。这种深沉而特别的虔敬，激励和支撑了马基雅维利所有的政治创作和政治思考。

　　在这种精神的指引下，马基雅维利完成了他主要的政治著作。他希望能在古代的伟大人物之中占有一席之地，也希望能被未来的伟大人物视为一位真正掌握治国之术的人。腐朽和平庸的政治家——正如他同时代的大多数政治家那样——根本无法理解，更不用说欣赏他的作品了。相反，《君主论》面向的是意大利未来的拯救者，而《论李维》面向的是自由共和国未来的创建者和领导者。

p.18

2

富有想象力的现实主义者

p.19

需要进一步考察的是，君主对待臣仆和朋友应该采取怎样的方法和行动。关于这一点，我知道已经有许多人发表过看法，现在我也写起文章来，特别是当我讨论这个问题的时候，我的观点与别人的不同，因此，我恐怕会被人认为倨傲自大。可是，因为我的目的是写一些东西，即对于那些通晓它的人是有用的东西，我觉得最好论述一下事物实际的真实情况，而不是论述对它的想象。许多人曾经幻想那些从来没有人见过或者知道实际上存在过的共和国和君主国。可是人们实际上怎样生活同人们应当怎样生活，距离是如此之大，以至于一个人要是为了应该怎样办而把实际上是怎么回事置诸脑后，那么他不但不能保存自己，反而会导致自我毁灭。因为一个人如果在一切事情上都想发誓以善良自恃，那么，他侧身于许多不善良的人当中定会遭到毁灭。所以，一个君主如要守住自己的地位，就必须知道怎样做不良好的事情，并且必须根据情况判断出是否使用这一手。

为此，我想把对君主的想象撇在一边，只是讨论确实存在的事情。被评论的对象——特别是君主，因为他的地位更高——都突出地具有某些引起赞扬或者招致责难的品质。这就是说有人被誉为慷慨，有人被贬为吝啬（这是托斯卡纳人的用语，因为在我们的方言里面，贪婪的人还包括那些想靠掠夺取得财物的人，而我们称为吝啬的人是指那种不愿多使用自己东西的人）。有人被认为乐善好施，有人则被视为贪得无厌；有人被认为残忍成性，有人被认为慈悲为怀；有人被认为食言而肥，有人被认为言而有信；有人被认为软弱怯懦，有人则被认为勇猛强悍；有人被认为和蔼可亲，有人则被认为桀骜不驯；有人被认为淫荡好色，有人被认为纯洁自持；有人被认为诚恳，有人则被认为狡猾；有人被认为脾气固执，有人则被认为容易相与；有人被认为稳重，有人被认为轻浮；有人被认为是虔诚之士，有人则被认为无信仰之徒，如此等等。

p.20

我知道每一个人都同意：君主如果表现出上述那些被认为优良的品质，就是值得表扬的。但是由于人类自身条件的限制，君主既不能拥有所有这些优良的品质，也不能够完全地保有它们，因此君主必须足够明智，以避免那些使自己亡国的恶行（vizii），如果可能的话，还要警惕那些不会使自己亡国的恶行，但是如果不能够的话，他可以毫不犹豫地对那些微小的恶行听之任之。还有，如果不运用那些恶行，就难以挽救自己的国家的话，他也不必要因为这些恶行被责难而心怀不安，因为如果对每件事情详加审查，就会发现某些事情虽然看似良举，倘若按此办理就会自取灭亡，而另一些事情看似恶行，如若照办却会给他带来安全与福祉。

——《君主论》第十五章

尼科洛·马基雅维利是一位现实主义政治思想家，他认为准确的政治知识是获得政治成功的必要条件。然而，我们最好将他关于政治的思考方式视为一种修正的现实主义，因为其中包含了政治理想主义，甚至是政治预言的某些智识特征。

马基雅维利认为，尽管他所推崇的柏拉图和亚里士多德都是在对卓越的追求中构建理想的国家，但比起构建好的抽象原则，对现实政治的研究更有意义（*OW*, ⅰ.115）。他还认为，人们往往是通过首领们的现实成就去评价政治的各项事务的："对于不受法律约束之人的行动，特别是君主的行动，人们只关注其结果。"（*P*, XVIII）马基雅维利在《论李维》当中还引述了公元前1世纪格拉古兄弟土地法改革的故事。他说土地法改革的本意是要缓解平民的贫穷，但实际上却激起了罗马贵族的强烈愤恨，最终导致了共和国的崩溃。因此，尽管他们怀有高尚的动机，但也不值得被赞扬和效仿（*D*, Ⅰ.37）。马基雅维利意识到，在不准确的政治信息和历史知识的影响下，政治首领们经常会犯下一些致命的错误。素来明智的西塞罗错误地派恺撒的外甥屋大维去跟安东尼作战，希望安东尼的士兵们能够向恺撒的继承人倒戈。但事实却是，安东尼和屋大维结成了联盟，从而彻底孤立了西塞罗和整个元老院。马基雅维利评论说："西塞罗对这一点应看得更透彻些，即无论恺撒的继承人还是其同盟者都与自由格格不入。"（*D*, Ⅰ.52）

一方面，马基雅维利强烈批评那些低估风险的鲁莽的领导人；另一方面，他谴责瞻前顾后的优柔寡断的领导人。他认为迟疑不决是软弱的表现："优柔寡断的共和国，除非受到强迫，绝不会采取明智的政策。由于它们的软弱，它们在迟疑的情况下，绝对不会做出决断；只要没有强制的力量驱散它们的怀疑，它们就会一直议而不决。"（*D*, Ⅰ.38）问题

p.22

的关键不在于冒险还是审慎，而是政治行为本身是否适于具体的环境。在混乱危险的局面下，一项疯狂的政治决策反而可能是正确的选择。在马基雅维利1506年9月写给乔万·巴蒂斯塔·索德里尼的信中，他说不同的政治行为可能导致同样的结果，而同样的政治行为却可能带来相反的结果。西庇阿以温良和诚信的方式治军，结果征服了意大利；汉尼拔以最残暴的方式治军，也征服了意大利。如果西庇阿和汉尼拔互换管理方式，他们必定都会失败。问题的关键在于，需要因时、因地而采取不同的政治行为。由此看来，马基雅维利的思考方式的确不同于其他现实主义者，他意识到即便是最具创新意识的政治行为，如果想要取得成功，也必须要审时度势。

马基雅维利还认为，"罕见而伟大之人"的出现（可能是受到了神的派遣）是为了完成一些极其伟大的事业，比如统一分散的各族群、解放某个民族或复兴某个国家的政治自由。他坚信诸如摩西、居鲁士、提修斯、罗慕路斯之类的人物未来还会出现。《君主论》最后一章中，在讨论完一个新君主如何保持君主国后，他坦然地表示意大利需要一个可以把自己从蛮族手中解放出来的拯救者。这项异乎寻常的事业将是可能的，也并非难事，因为时机已然成熟。除了马基雅维利，从来没有思想家把最严肃的政治现实与最丰富的政治想象结合在一起。

马基雅维利的朋友弗朗切斯科·圭恰迪尼认为马基雅维

利的现实主义思想当中包含理想主义的成分。比马基雅维利年轻十岁，圭恰迪尼是佛罗伦萨的豪门贵族。冷静、审慎而满怀雄心壮志的他担任多个显要职位，他曾担任教皇国领地摩德纳和雷焦公国的总督。圭恰迪尼与马基雅维利交往甚厚，他深知马基雅维利的人品和他那令人无法抗拒的幽默感，也十分欣赏马基雅维利为意大利的解放事业所做出的贡献。尽管如此，圭恰迪尼认为马基雅维利不是一个真正的现实主义者。他觉得马基雅维利过于热衷于理论概括，认为他总是用抽象的模型和古代的先例来解释现实政治。在一封1521年5月18日圭恰迪尼写给马基雅维利的信中，他委婉地责备马基雅维利总是讨论君主国、贵族国和共和国之类的普遍的政府形式，而未进行具体的时政分析。马基雅维利在《君主论》《论李维》《用兵之道》里无数次引用古罗马的先例。圭恰迪尼认为这是一个错误，因为每一种现实情况都是不同的。政治决策应该建立在更加精妙的政治审慎能力的基础之上，绝不能依赖教科书上的普遍原理。只有很少天赋异禀或者长期从事政治实践的人，才能拥有这种能力。

p.23

相反，马基雅维利热衷于提供极富想象力和冒险精神的政治行动建议。在1525—1527年最终导致罗马沦陷的政治和军事危机期间，马基雅维利建议罗马格纳人自我武装起来迎接教皇的统治，因为他坚信公民、臣民组成的军队优于雇佣军。这是一次多么天真的计划，因为那里的人民内部分化严重，对应该效忠的君主也是十分仇视的。可想而知，圭恰迪尼和教皇没有认可马基雅维利的计划，尽管他们觉得他的计划并非一无是处。在这件事情上，马基雅维利的确是过于冒失了，但总体而言，他在具体政治策略上表现出来的创造能力是优于常人的，并非圭恰迪尼所认为的缺点。事实上，圭恰迪尼和教皇克雷芒七世并没有能力运用他们所谓的政治现实主义策略，改变意大利被外国势力奴役的耻辱命运。

马基雅维利认为语言在政治生活中扮演着重要的角色。在《用兵之道》中，他强调了雄辩术的重要性，并列举了一个优秀的将军所必须具备的一系列修辞技巧。"要就一件事说服或劝阻几个人很容易。因为，倘若言辞不够，你还可以取道权威或强力。困难在于说服众人打消一种既与公共利益相悖，又与你的意见相反的不良观念。在此场合，一个人只能借助言辞，说服全部听众。"马基雅维利忧心忡忡地表示，古代的将军们极为看重的雄辩术在现代社会已经被遗忘了。但是，再也没有什么能够比雄辩更有效地激发军队的意志、调动士兵的激情了。"无数次地，当统帅不懂得如何喊话，或者不习惯演讲时，军队便会陷入崩溃。演讲能够祛除恐惧，点燃斗志，加固意志，揭露欺骗，许诺奖赏，显示危险，表明避险途径，灌注希望、赞誉、辱骂，成就人类激情据此被扑灭或激发的一切事情。"（AW, Ⅳ, 137-41）马基雅维利总结说，任何层级的军队长官必须要掌握与士兵交谈的艺术。另外，他还意识到仅有雄辩术还不能保卫国家。在《君主论》当中，他说："说服人们很容易，但让人们一直保持信服却不易。"因此，"使用强力的先知们都取得了成功，反之都失败了。"马基雅维利在评价热罗尼莫·萨沃纳罗拉的时候说："一旦民众不再信任他，他本人连同自己创建的政治秩序也就完蛋了。他既无法让那些相信他的人一直支持他，也无法取得怀疑之人的信任。"一个真正的政治首领就必须像摩西、居鲁士、提修斯和罗慕路斯那样，能够"依靠武力让人们相信。"（P, Ⅵ）一个认真的政治现实主义者必须既要懂得修辞术，也要掌握军事和经济上的权力。

马基雅维利认为，只有对政治情势进行精心的解读，人们才有可能获得关于政治现实的部分和初步的认识。因此，他的现实主义不能混淆于经验科学家的现实主义，因为后者从事的是搜集准确事实材料，继而探求一般规律的工作。然而，很多学者仍把马基雅维利视为现代政治科学的创始人。p.25他们觉得，马基雅维利发现了人类社会当中经常或重复出现的一些特征，并认为这些特征构成了政治学的基础。他们在《论李维》当中找到了一段原文："聪明人常说：观既往可以知未来。这不是随意说的，也不是全无道理。无论何时，任何事情都可以在古代看到对应的现象，因其皆出自人为，他们有着相同的情感，肯定也会有着相同的结果。"（D, Ⅲ.43）不错，马基雅维利的确认为古往今来人类的情感具有一定的相似性，但这也只是16世纪的人们普遍信奉的一个观点而已。它并不必然导致政治学的科学的研究方法，只是一种解释性的工作而已。它让人们理解政治生活和政治事件的特点，从而指导人们做出预测或提出实用性建议，并根据古今政治人物的相似的目标来记录历史。即便马基雅维利觉得人类总是拥有相似的情感，但他仍认为每个个体的感情、气质和行为是不同的。他写信给乔万·巴蒂斯塔·索德里尼说："我认为正如自然创造人，面目各不相同，她使他们在性情和想象力方面各不相同。结果，每个人按照其性情和想象力而行为。"（*L*, 399）为了预测政治行为，人们就必须考察每个政治个体的独特性和想象力。

这项艰难的任务需要资政者"现场亲历"或至少"接近"政治事件，这样他才能搜集、评判重要的事实信息。然而，由于政治人物经常使用诈术（有时他们也会自我欺骗），围绕在政治行为周围的那些谜团从来不会自行消退。关于政治的解释性工作是有价值的，但它绝不会达成最终的结论。最理想的情况是从多位资政者的建议中选择较可能的那一种。判断人的行为，特别是君主的行为，这是一项永远都不会有最终结论的工作。因为，马基雅维利认为现实中不存在可以做出最终判决的法官（*P*, XVIII）。君主们在政治舞台上为了讨好、恐吓臣民和敌人，进行着各种各样的表演。只有对他们的表演进行解码，"事件的真相"才能浮出水面。马基雅维利借用了切萨雷·博尔贾公爵杀害雷米罗·德·奥尔科的例子来说明这个道理。《君主论》第七章中的叙述过于残暴，但马基雅维利认为那是平复民众愤怒的必要措施。另外，他同时也看重故事的表演效果。"因为公爵知道，过去的严酷已经引起众怒。为此，他要涤荡人们心中的块垒，把他们全都拉拢过来。他想要表明：如果过去发生任何残暴行为，那并不是由他发动的，而是来自大臣的刻薄。他抓住上述时机，在一个早晨，把雷米罗斫成两段，暴尸在切塞纳的广场上，在他身旁放着一块木头和一把血淋淋的刀子。这种凶残的景象使民众感到痛快淋漓，同时又惊讶恐惧。"马基雅维利认为这是权力在臣民面前的一种表演。事实上，马基雅维利在13年前目睹这个场景时，他写信给佛罗伦萨的执政团说，公爵把雷米罗的身体"斫成两段"并暴尸于广场之上，意要表明公爵大人在政治和人的身体两方面都拥有绝对的权力。正如公爵可以把四分五裂的罗马格纳人统一于同一政权之下，他也可以肢解雷米罗的身体。[2] 面对同一个场景，马基雅维利分别做了两种不同的解释。这充分说明他是一位可以对同一事物进行多种不同解释的现实主义者。

马基雅维利认为，不管政治首领的目的如何，准确地把握政治现实是实施有效政治行为的必要条件。他还认为，无论何时何地，历史学家和平民百姓都是依据政治行为的结果来评判政治首领的。另外，他还主张每一个国家都应保持强p.27大而可靠的军事力量。这些观点牢牢地把马基雅维利固定在政治现实主义传统的中心位置，尽管如此，他还是提供了一系列远离现实（甚至不可能实现）的政治想象，比如用共和国取代君主国、实现意大利的统一与独立等。他不仅相信它们能够变为现实，而且还不遗余力地投身于具体的实践。马基雅维利认为，现实是由多种元素组成的：激情、利益、主观意图、模仿和掩饰的能力等。现实不是一个由事实组成的系统，它充满着不确定与模棱两可的符号、语言、各色人物的表情。只有通过解释，人们才能达到对现实的部分认知。马基雅维利明白，政治现实极难被人们所掌握，而一个真正的现实主义者和政治首领，既能想象出一种新的更好的世界和生活方式，又能用自己的毅力和精明把它们变为现实。

3

狮子与狐狸

p.29　　每个人都认为，君主守信，立身行事，不使用诡计，本于正直，这是多么值得赞美呵！然而我们这个时代的经验表明：那些曾经建立丰功伟绩的君主们却不重视守信，相反，他们懂得如何运用诡计，使人们晕头转向，并且终于把那些本于信义的人们征服了。

　　因此，你必须懂得，世界上有两种斗争方法：一种是运用法律，另一种是运用武力。前者是人类特有的，后者则属于野兽。但是，因为前者常常有所欠缺，所以必须诉诸后者。因此，君主必须懂得怎样善于使用野兽和人类所特有的斗争方法。关于这一点，古代的作家们早已谲秘地传授给君主了。他们描写了阿基里斯和古代许多其他君主是怎样被交给半人半马的怪物基罗尼喂养的，并且在它的训练下长大成人。这就是说，君主既然以半人半兽的怪物为师，他就必须知道怎样运用人性和兽性，并且必须知道如果只具有一种性质而缺乏另一种性质，不论哪一种性质都是不经用的。

　　既然君主必须学会善于运用野兽的方法，他就应当同时效法狐狸与狮子。因为狮子不能够防止自己落入陷阱，而狐狸则不能够抵御豺狼。因此，君主必须是一头狐狸以便认识陷阱，同时又必须是一头狮子，以便使豺狼惊骇。然而那些单纯效仿狮子的人们却不理解这点。所以，当遵守信义反而对自己不利的时候，或者原来使自己做出诺言的理由现在不复存在的时候，一位英明的统治者绝不能够，也不应当遵守信义。假如人们全都很善良的话，这条箴言就不合适了。但是因为人性有恶劣的一面，而且对你并不是忠诚不渝的，因此你也同样无须对他们守信。一位君主总是不乏正当的理由为其背信弃义掩饰。关于这一点，我能够提出近代无数的实例为证，它们表明：许多和约和诺言常常由于君主没有信义而最终作废；深知怎样做狐狸的人却获得最大的成功。但是君主必须深知怎样掩饰这种兽性，并且必须做一个伟大的伪装者和假好人。人们是那样

p.30

地单纯，并且受当前的需要所支配，因此要行骗
的人总能够找到上当受骗的人。

——《君主论》第十八章

　　数世纪以来，以上《君主论》的论述被人们视为一种铁
证来说明马基雅维利如何把政治学从伦理学当中解放出来，
并开创了新的思考和行为方式，继而与古典和基督教的传统
政治解释方法彻底决裂。学者们有时把这种观点称为"政治
的自主"或"肮脏的手"，然而，他们仅在一定程度上是正
确的。这些内容也并不足以使我们充分理解马基雅维利关于
政治行为、政治生活的全部思想。马基雅维利的《君主论》
和其他著作旨在纠正软弱的古典和基督教的政治理论，但并
非彻底抛弃它们。像西塞罗这样的古典政治思想家一样，马
基雅维利认为一项真正的政治行为需要政治德行的具体实
践；如基督教政治思想家一样，马基雅维利认为上帝定会赐
福给那些建立并保持良好的政治秩序的英雄人物。他只是对
政治德行和上帝恩宠做了另一番解释而已。

　　为了理解马基雅维利思想的真正内容，我们首先要考察
当时的佛罗伦萨人关于政治行为的看法。政治或公民科学是
一切智识活动中最值得称赞的，但"国家"（state）这个词汇
却是一个模糊的指代。在16世纪早期的佛罗伦萨，公共修辞

学、哲学和历史编纂学仍然受到亚里士多德和西塞罗对政治之理解的影响。政治是指自由平等的公民为了实现共同善，在法律约束下结成联合。作为一个合格正直的公民，必须凭着自己的公正、审慎、毅力和节制去促进共同善。佛罗伦萨政治修辞学的创始人勃鲁奈托·拉蒂尼认为政治是一切人类实践技艺当中最高层的，是人类最高贵的行为活动。因为无论是在战时还是在和平年代，它都以理性和正义为原则，向人们传授如何治理一国之民或一个民族[3]。

依靠理性实行良法之治的古典政治观成为16世纪佛罗伦萨人普遍的智识原则。伟大的人文主义者、政治学家克鲁西阿·萨鲁特提认为，政治与法律本是同一事物[4]，"政治理性"是"公民理性"的同义词[5]。良好的公民既是政治的目标，也是立法者的目标[6]。立法者关心的目标应是整个城邦的秩序和全部的人性。萨鲁特提认为，政治要对人灵魂的健康和幸福负责。政治通过法律为人们创造道德生活的条件。只有这样，人们才能实现公共生活上的幸福。

在这种政治观的主导下，政治学成为人类科学和文艺当中最重要的学问。这是佛罗伦萨公共修辞学当中的另一个普遍观点。佛罗伦萨最重要的人文主义者莱昂纳多·布鲁尼在他所翻译的亚里士多德的《政治学》的"前言"当中，对此进行了很好的解释。共和国是一个自治的共同体，其中共同善超过了部分利益；个人只有在这样的共同体当中，才能享有幸福和真正的人类生活。共同体里的每个个体自给自足，拥

p.32

有良好的道德生活，这就是最珍贵的共同善。因此布鲁尼认为，传授共同体是什么，以及如何保持共同体的学问，无疑是人类一切学问当中最重要的学问[7]。

15世纪后半叶，崇尚政治也是佛罗伦萨智识生活的重要内容。然而，不管人们如何推崇这个高贵的政治原则，佛罗伦萨的公民和政治首领都觉得真实的政治可能没有那么光彩。由佛罗伦萨的精英组成的政治资政团的辩论记录证明，他们已经意识到为了共和国的安全，正义和法律的原则可能会遭到损害。马基雅维利曾亲身经历过一场关于雇佣兵队长保罗·维他利是否有叛国行为的辩论。争论的焦点在于维他利应不应该"依据理性"，也就是依据正义和法律的原则被审判[8]。一位发言人认为，如果不杀死维他利的话，整个共和国将承受危险，因此在这个时候"不应该依据理性的原则"。为了说明违背正义原则的合法性，他援引了国家事务的通常处置原则：国家事务不适用于理性原则[9]。16世纪20年代开始，道德法律理性与国家利益的矛盾并没有描述为理性与国家实践间的矛盾，而是转变为了道德法律理性与"国家理性"间的矛盾。

"国家理性"一词最早出现于弗朗切斯科·圭恰迪尼在1521—1524年间创作的《关于佛罗伦萨政府的对话》一书之中。书里有这样一个小故事：1284年，在梅罗里亚战争期间，因为热那亚共和国军队没有释放战俘，所以对敌国比萨共和国造成了致命性的打击。伯纳德·德尔·内罗热那亚人犯下了违背道德良知的残暴罪行。然而，所有国家（除了共和国在处理内部事务的时候）建立的基础都是赤裸裸的暴力，因此不断诉诸暴力是国家自我保全的必要手段。内罗说："在我谈论杀死或囚禁比萨俘虏的时候，我的身份不是什么基督徒。我依据的是国家的理性和惯例。"[10]他接着说："任何不了解这点的人在上帝面前也找不到什么借口，因为正如托钵会修士喜欢的一句话，这表现了极度的无知。"要么遵循上帝的律法远离政治，要么在政治世界当中背弃上帝的律法，人们只能二选一。

马基雅维利认可现实主义者的观点，但他也捍卫着古典的政治行为价值观——上帝甚至都认可其完美性。为了完成这一卓越非凡的思想成就，他首先对流行的政治修辞术（主要建立在西塞罗和基督教的学说基础之上）进行了现实主义的批判。在西塞罗影响深远的著作《论义务》当中，我们知道一个统治者获得光荣的唯一方式就是避免一切恶行，"无论是用武力还是靠欺诈，两者都是兽性的；欺诈属于狡猾的狐狸，武力则属于狮子。二者都不值得人去做，而欺诈更可鄙"。（*Of Duties*，Ⅰ.13.41）然而，正如本章开端所引用的文字，马基雅维利则认为君主必须同时模仿狮子和狐狸来追求安全和光荣。

西塞罗还认为，"所有动机中没有哪一个比爱更适合于保证牢牢地拥有别人的帮助，没有哪一个比害怕更不利于这一目的"。根据这条原则，他直截了当地提出了一条建议：

"让我们还是采取一种争取人心的政策。它不仅是安全而且也是声望和权力最有力的保证。这种政策就是：不要使人怕，要忠于爱。这样我们就能在公私生活两方面皆可如愿以偿得到成功"。（*Of Duties*，II.7.24）在这个问题上，马基雅维利同样反对西塞罗。他说："他们是忘恩负义、容易变心的，是伪装者、冒牌货，是逃避危难，追逐利益的。当你对他们有好处的时候，他们是整个属于你的。正如我在前面谈到的，当需要还很遥远的时候，他们表示愿意为你流血，奉献自己的财产、性命和子女，可是到了这种需要即将来临的时候，他们就背弃你了。"马基雅维利认为，在鱼和熊掌不可兼得的时候，君主被人畏惧比受人爱戴好得多，因为"人们冒犯一个自己爱戴的人比冒犯一个自己畏惧的人顾忌要少"（*P*，XVII）。最后，西塞罗宣称："没有作为权宜之计的残暴；因为残暴是对人性最可憎的背离，而人道才是我们所应遵循的。"对此，马基雅维利回应说基于谋取权力的需要，在保证一次性使用的前提下，统治者可以"妥善地使用暴力手段"，并且还要保证其后绝不再用，要尽可能地为臣民谋利益（*P*，VIII）。就算是"所有的统治者都要装作慈悲为怀而非残暴无情"，他也要注意"在慈悲为怀上不要运用不当的方法"，并且要善用残暴手段（*P*，XVIII）。

马基雅维利认为西塞罗和基督教的道德准则应该被遵循，但在一些特殊的情况下，则应另当别论。运用欺诈手段总是"可憎的"，但"它在战时是值得称赞甚至光荣的"。一般情况下，违背誓言或协议的欺诈行为一点也不光荣，因为"你可能暂时赢得了国家或王位，但这不会给你带来任何光荣。"但统治者或君主"针对不讲信用的敌人和在战争中采用"欺诈手段的时候，它才是值得称赞甚至光荣的（D，Ⅲ.40）。残暴、不义、伪装和欺诈等一切违反德行的行为都是如此。

p.35

传说罗马城的创立者罗慕路斯不仅谋杀了自己的哥哥，还把他选定共享王权的萨宾人提图·塔提乌斯处死了。基于目的的正确性，他的行为可以被宽宥。还有一个类似的例子，即斯巴达国王克莱奥梅尼。马基雅维利在著作中说："他把全体督政和可能跟他作对的人斩尽杀绝"，因为他意识到自己无法恢复莱库古的法律，"除非他大权独揽"。克莱奥梅尼的行为是"正义和值得称赞的"（D，Ⅰ.9）。基于前者所犯下的深重罪行，马基雅维利仅仅宽宥了罗慕路斯，但却称颂了克莱奥梅尼。他甚至还认为"君主必须足够明智，以避免那些使自己亡国的恶行（vizii），如果可能的话，还要警惕那些不会使自己亡国的恶行，但是如果不能够的话，他可以毫不犹豫地对那些微小的恶行听之任之。还有，如果不运用那些恶行，就难以挽救自己的国家的话，他也不必要因为这些恶行被责难而心怀不安，因为如果对每件事情详加审查，就会发现某些事情虽然看似良举，倘若按此办理就会自取灭亡，而另一些事情看似恶行，如若照办却会给他带来安全与福祉"（P，ⅩⅤ）。

马基雅维利的意思相当明确。他继续说，意图"一直保持行为端正"的人最终必然失败，因为周围都是顽劣之人。因此，"一个君主如要守住自己的地位，就必须知道怎样做不良好的事情，并且必须根据情况判断出是否使用这一手"。仅仅几行文字之后，他更加清晰地重申了这个观点："我知道每一个人都同意：君主如果能表现出上述那些被认为优良的品质，就是值得表扬的。但是由于人类自身条件的限制，君主必须避免染上有损自己权力的坏名声，并避免那些在政治上没有必要的罪恶。"只要存在可行性，君主或统治者"还是不要背离善良之道，但是如果出于必须的话，他要懂得如何走上那罪恶之途"（*P, XVIII*）。

尽管马基雅维利把这些视为普遍的法则，但是他也意识到现实政治的一切行为准则都必须依照具体情况而变。比如，"被人畏惧比被人爱戴更好些"的原则就存在很多例外情况。马基雅维利在《论李维》第3卷第20章中说："这个真实的例子表明，充满仁爱的友善举动，有时比残暴行为更能震撼人的心灵；军队、武器和任何人类暴力都无法攻克的城市和地区，经常能够因仁慈友善的榜样而不攻自破。"除了这些反例，政治行为的效果还依赖于君主或军事首领的实施能力，或者也可以说受外部条件的制约。马基雅维利认为，君主和军事首领总是犯一些严重的错误，或者被人过分爱戴，或者被人过分畏惧。"过于渴望受人爱戴而变得低三下四，哪怕他只是稍微偏离了正道；过于贪图令人畏惧而变得可憎，哪怕他只是做得稍微有些过分。"（*D*，Ⅲ.21）政治行为取得成效的关键在于政治首领的个人能力和个人名誉，他必须具备依据所处的具体情形而把准则灵活付诸实践的能力。指挥官必须懂得如何缓和过于贪图受人畏惧，或过于渴望受人爱戴的情况，并"适度矫正"每一种生活方式。因此，马基雅维利提出的政治行为准则不仅存在很多反例和例外，它们本身也需要适度的修正和变通。

p.37

同时，几乎所有的学者都忽略了马基雅维利思想的另一重要内容，即君主如果通过罪恶的手段建立起新的良好政治秩序，那么他仍然可以期待被上帝待以朋友之道。通过诉诸圣经当中的例子，马基雅维利为这一创新性的基督教政治伦理学解释找到了依据。大卫拒绝使用扫罗王提供的盔甲，这意指明智的君主必须使用自己而非他人的军事力量（*P*, XIII）。马基雅维利甚至还说，妥善使用残暴手段的君主"可以补益他们在上帝和人群中的地位"（*P*, VIII）。他最崇尚的政治英雄是作为上帝的伙伴并解放了一个被奴役的民族的摩西。然而，正如《圣经·出埃及记》里所记载的，摩西杀死了大量崇拜金牛偶像的以色列人；更为清楚明白的是，正是上帝命令摩西实施了这一残暴行为。因此，马基雅维利的《君主论》既是对西塞罗式的政治伦理学的批判，又是对传统基督教政治学说的反击。针对前者，他重新定义了真正的政治德性的内容，从而确保安全和荣誉；针对后者，他对上帝对待立国者和政治首领的态度，进行了创造性的解释。

4

上帝对国家之友爱

p.39

　　在考虑了上面讨论过的全部事情之后，我在想：此时此刻意大利是不是可以给一位新的君主授予荣誉，现在是否可以给一位贤明的、有能力的君主提供一个机会，让他采取某种使自己得到荣誉的方式，给本国人民带来普遍的幸福；我觉得许多迹象综合起来都是对新君主有利的，我不知道什么时候比现在更适合君主采取行动。而且正如我曾说的，如果为了表现摩西的能力，只有使以色列人在埃及成为奴隶，为了认识居鲁士精神的伟大，只有使波斯人受梅迪人压迫，为了表现提修斯的优秀，只有使雅典人分散流离；那么在当代，为了认识一位意大利豪杰的能力，只有使意大利沉沦到它现在所处的绝境，只有比希伯来人受奴役更甚，只有比波斯人更受压迫，只有比雅典人更加分散流离，既无首领，也无秩序，受打击，遭劫掠，被分裂，被踩躏，忍受种种破坏。虽然最近在某个人身上看到了一线希望，使我们认为他可能是上帝派来赎救意大利的。可是在他的事业走向顶峰之后，他被命运抛弃了。于是意大利仍旧缺乏生气，等待一位人物将来能够医治她的创伤，制止伦巴底的劫掠以及在那波利王国和托斯卡纳的勒索，把长时期抑郁苦恼的恨事消除。我们看到她怎样祈求上帝派人把她从蛮族的残酷行为与侮辱中拯救出来。我们还看见，只要有人举起旗帜，她就准备好并且愿意追随这支旗帜。现在除了在你的显赫的王室之中，她再找不到一个可以寄予更大希望的人了。这个王室由于它的好运和能力，受到上帝和教会的宠爱，现在是教会的首脑，因此可以成为救世者的领袖。如果你想起我在上面谈到的那些人物的行迹与生平，这就不是一件难事。而且，虽然那些人物是罕见的、充满奇迹的，但是他们毕竟是人，而且他们当中所有人的机会都不如今日，因为他们的事业比这项事业并不更加正当、更加容易，上帝对他们比对你并不更加友好。伟大的正义是属于我们的，因为"对于必需战争的人们，战争是正义的；当除了拿起武器以外就毫无希望的时候，武

p.40

器是神圣的"。在这里，有极其伟大的意愿，在具
有伟大意愿的情况下，只要你的王室采取我已经作
为目标推荐的那些人的方法，就不存在巨大的困
难。除此之外，现在我们还看见了上帝所作的空
前绝后的奇迹：大海分开了，云彩为你指出道路，
巉岩涌出泉水，灵粮自天而降；一切事物已经为
你的伟大而联合起来，而余下的事情必须由你自
己去做。上帝不包办一切，这样就不至于把我们
的自由意志和应该属于我们的一部分光荣夺去。

——《君主论》第二十六章

佛罗伦萨是马基雅维利出生和成长的地方。在这里，雄
辩术被视为一种高贵的艺术，是公民参与政治生活的必备技
能。佛罗伦萨大学为菲奥伦蒂诺律师事务所颁布的企业章程
中说，雄辩术是"政治生活的最高贵装点"。佛罗伦萨卓越
的人文主义者安杰洛·波利齐亚诺在1480年的修辞学讲座的
开头说，雄辩术是公民教育的必备内容。他解释说，再也没
有比这更美妙的事了，人类在技艺上占据着相较于动物的优
越地位；也再也没有比这更神奇的事了，它可以触及民众的
精神与灵魂、抓住人们的注意力、控制他们的意志、主宰他
们的感情。通过雄辩术，我们既可以歌颂那些有德之人的所

作所为，也能够痛斥恶人，还能说服公民同胞去追求有益于共同善的事物，并摒弃具有危害性的事物。雄辩术是盾与剑，使我们可以保卫个体和集体的共同善，让我们能够抵抗自身以及共和国的敌人。波利齐亚诺认为，掌握雄辩术的人们才是一个国家最大的优势所在。因此，演讲术无论何时都应得到最高的荣誉[11]。15、16世纪所有的佛罗伦萨的政治作家都奉拉丁语雄辩术理论家，特别是西塞罗和昆体良为导师。从他们的著作中，政治作家们学习到了一条基本知识：一个好的演说者必须要以"劝辞"来结尾，也就是说，任何演讲一定要以格外富有力量的语言来结尾。在人类所有的感情之中，义愤和同情是最为强大的两个。为了激发听众的义愤之情，演说者必须要利用恰当的语言、象征、明喻和暗喻来夸大他试图让大家反对的那个人或那个国家的残暴、野心和邪恶；为了激发同情，他则必须要放大受害者的无辜、无助和悲惨境遇。

马基雅维利把政治演讲的基本原则出色地应用到《君主论》之中。著作的最后是一篇旨在把意大利从外国的奴役中解放出来的精彩"劝辞"。它着重强调了蛮族加于意大利的残暴罪行，并通过描绘意大利的孱弱和无助来激发人们的同情："比希伯来人受奴役更甚，比波斯人更受压迫，比雅典人更加分散流离，既无首领，也无秩序，受打击，遭劫掠，被分裂，被蹂躏，忍受种种破坏。"这样的语言足以打动听众，同时也表达出了马基雅维利渴望意大利民族解放的个人

p.42

情感。与大部分的当代思想家不同，马基雅维利把意大利的统一和独立视作当时最要紧的政治目标。

马基雅维利相信这个目标是可以实现的。尽管民族的拯救者一定是一位罕见的英雄人物，"但是他们毕竟是人"。人们可以模仿他们的行为。马基雅维利坚信未来的拯救者必能从上帝那里蒙获友爱与支持，正如上帝曾帮助过摩西那样。马基雅维利认为上帝对政治秩序创立者的友爱超越了任何其他对象。在1520年他创作的另外一篇演说词当中，他提倡对佛罗伦萨进行宪制改革，并讲道："我认为一个人可以获得的最高荣誉一定源于国家自愿授予；一个人可以完成同时也是上帝最愿意接受的善事，一定是为国家所做的善事。"（*OW*, I.115）上帝喜爱政治秩序的创建者和改造者，因为他们如同上帝自身一样是永恒和美妙秩序的创造者。因此，上帝对他们许以友善的奖赏，并帮助他们去完成目标任务。当马基雅维利保证上帝会许以友爱的时候，他实际上是借用强大的思想资源而实施了一场富含精妙演讲技巧的表演。上帝对世俗正义之人许以友爱的原则直接源于圣经，同时也是佛罗伦萨公民宗教的基本信条。马基雅维利在《君主论》"劝辞"当中直截了当地表示，没有什么目标比用武力解放意大利更正义了。因为目标和手段都是正义的，所以意大利的拯救者一定能从上帝那里获得支持，这样整个目标就是可以实现的。

马基雅维利在《君主论》"劝辞"当中流露出了他真诚

的爱国热忱，并激励了意大利后来的爱国人士谋求民族独立的斗争。1827年麦考利勋爵说，阅读《君主论》的时候尽管难免会心怀"恐惧与惊讶"，但"我们很少能遇到像《君主论》这样的著作；它们充满了那样高亢的情感，对共同善表达了那样纯粹和热烈的渴望。"他最后说："马基雅维利爱国情感里渗透着的智慧为一个被压迫的民族指明了谋求自我解放和复仇的最后机会"[12]。当麦考利勋爵写下这段文字的时候，意大利人也正在把马基雅维利奉为民族独立和国家统一的预言家。意大利复兴运动最重要的代表人物卡洛·卡塔尼奥把马基雅维利视为300年来"不设防的意大利的良心之痛"，认为他是整个民族最终下定决心要去恢复自我尊严的一个象征符号[13]。卡塔尼奥的意思是说，马基雅维利是唯一一个提出军事力量的衰弱是导致意大利被西班牙和法国所奴役的根本原因的政治思想家。当19世纪的意大利人民组建起强大的军队的时候，他们只是把马基雅维利300年前的思想付诸实践而已。

p.43

热爱国家和热爱共同善对马基雅维利来说是同一件事。在《论李维》中，他明确了两者的等同关系，认为一个明智的建国者必须统一行使权威，追求公共的而非个人的、共同的祖国的而非自己的后继者的利益。与很多共和主义的政治理论家一样，马基雅维利认为爱国情感可以让公民把共同善置于个人和特殊利益之上，促使他们做出一个有德公民该有的合理行为。他认为国王、首领和立法者不辞辛劳地为国家所做出的贡献是"最有德性的"（D，I.Preface）。马基雅维利还把祖国等同于一个共和国。他在《论李维》中表示，密谋反对祖国就等于反对自己的共和国，就等于做这个国家的暴君，就等于篡夺合法的政治权威（D，Ⅲ.6）。

p.44

马基雅维利认为作为一种道德力量的爱国情感可以激励公民去追求共同善。在《论李维》当中，他对李维记载的曼利乌斯·卡皮托利努斯的故事做过一段评论。针对反对元老院和国家法律的控诉，当时平民的护民官授权卡皮托利努斯在罗马人民面前进行自我辩护。马基雅维利觉得贵族和护民官在这一事件中都表现出了令人惊叹的德行：即便贵族们一直以来都是"严格地相互扶持"，而卡皮托利努斯也是贵族的一员，但他们一点也不支持他；即便卡皮托利努斯与元老院是死对头，人民也通常偏袒那些反对贵族的公民，但是护民官还是把他交给人民去审判。最值得称赞的是罗马人民的行为。尽管他们渴望促进自身的利益，并一直保持着反对贵族的传统，他们还是判处了卡皮托利努斯死刑。马基雅维利评价说："就影响着他们的力量而言，对祖国的热爱超过了所有其他考虑。他们更为重视的，是他引起的当前的危险，而不是他过去的功绩；他们通过把他处死而获得了自由。"（D，Ⅲ.8）

在《论李维》第3卷第47章"优秀的公民应当爱国而不计私仇"当中，马基雅维利对李维记载的法比乌斯·马西乌斯·卢利安努斯的故事进行了类似的解释。他同样把爱国情感解释为对共同善的怜爱。马基雅维利说元老院派遣特使恳请法比乌斯把私仇放在一边，为整个共和国的利益而同意任命帕皮里乌斯·柯尔索为独裁官。法比乌斯"出于对祖国的热爱"接受了元老院的请求，尽管他也以沉默明确表示了竞争对手的晋升给自己带来的痛苦。马基雅维利不仅用怜悯（*carità*）来描述爱国情感，还混用"祖国"和"共同善"这两个词语，都旨在揭示爱国行为的背后力量。

马基雅维利把热爱国家的古典概念运用到了现代政治生活当中。尽管佛罗伦萨历史上盛行野心、党派主义、贪婪和嫉妒，但也存在一些反抗暴政和腐败而热爱国家的好公民。p.45马基雅维利在《佛罗伦萨史》当中记录了一些佚名者的演讲，尽管它们不是真正的历史文献，但这些经过修饰的文本却表达了他所认为的一个爱国者在国家的重大时刻应该如何言行的榜样。其中的一个例子是，一些佚名公民发表了热情洋溢的演讲，试图阻止佛罗伦萨的两大家族里奇家族和阿尔比齐家族间的党争。马基雅维利说很多公民在爱国心的驱使下来到圣彼得罗·斯卡拉焦教堂。经过一番讨论后，他们决定去面见城市的执政团。其中一位公民还发表了一份演讲，表示正是"我们对祖国的热爱"才促使大家决意来帮助国家消除内部的党派斗争。马基雅维利对此评论说，这是优秀公民出于"热爱祖国而非私情"的一份精彩演说；在残酷、让人绝望的派系斗争的任何时候，它都不应该被遗忘（*FH*, Ⅲ.5）。

热爱祖国是马基雅维利最深沉、最持久的情感。有时它的对象主要是佛罗伦萨，而有时却是整个意大利。在1527年4月16日的一封信中（他生前完成的最后的信件之一），马基雅维利说他热爱祖国超过了热爱自己的灵魂。对他来说，国家获得拯救的价值远大于自己获得拯救。然而，他也觉得为国尽忠同时也是在拯救自己；上帝在天国会把永恒的荣光赐给那些把灵魂献给自己祖国的人。

5

师 古

p.47 世人对古代仰慕有加；姑不论众多其他事例，时常有人不惜重金，买回一尊残缺不全的古代雕像，他们希望有此物为伴，他们要用它给自己的居室增光添彩，他们赞赏这种艺术，乐于师法于它；他们在自己的所有作品中，为表现这种艺术而殚精竭虑。然而，最杰出的史书昭示我们的，乃是古代的王国与共和国、君王与将帅、公民和立法者以及为自己的祖国而劳作者取得的丰功伟绩，它们虽受赞美，却未见有人效仿。其实，世人不分大事小事，对他们唯恐避之不及，故而古人的这种德行，在他们身上已踪迹全无。观此种种，我唯有感到诧异和悲哀。当我看到如下情形时，亦复如是：公民对公共事务，或对人们染上的疾患，如果有了歧见，他们总是求助于古人的裁决，或是求助于古人的诊断和指定的方剂。民法无非是古代法学家提供的裁决，把它们简化为指令，可引导我们今天的法学家做出判断。医术也不过是古代医师的实践经验，今日医师可据以做出诊断。然而，在整饬共和国、保卫国家、统治王国、举兵征伐、控制战局、审判臣民和扩张帝国时，却不见有哪个君主或共和国求助于古人的先例。我认为，造成此种状况的，主要不是当今的宗教使世界赢弱不堪，或贪婪的怠惰给众多基督教地区或城市带来的罪孽，而是缺少真正的历史见识，在阅读史书时既无感悟，也品不出其中的真谛。于是，众人捧读史书，以通历史变故而自娱，却从未想过效法古人，他们断定这种模仿非但困难，甚至根本不可能，仿佛天地日月、各种元素和人类自身的运动、力量与规律，今日迥异于古时。为使世人摒弃此种谬见，我才下定决心，对于没有因时代的厌恶而遭湮没的提图斯·李维的全部史书，根据我对古今事物的了解，记下我认为必须给予更好理解的内容，使读过这些陈述的人所欲掌握的史识更易于发挥功效。此事固然不易，然而既有鼓励我担此重任者的襄助，我以为或能

p.48

多有所成，给人达到既定目标提供一条捷径。

——《论李维》，第1卷"前言"

上海世纪出版集团，2005年版（冯克利译）

马基雅维利的政治学理论是建立在其历史学基础上的。他认为，人们只有认清了过去的政治事件才能理解现实，继而进一步做出有效的行为。他再次追随古罗马时代的政治思想家们，以及15世纪的人文主义信奉者们的足迹。西塞罗说："历史是过去年代的见证，照耀着现实，使记忆重新焕发出生机，给人类以指引，记录着古代社会的兴衰。"[14]昆体良在《雄辩术原理》一书中也表达了类似的观点："历史似乎在自我重复；过去的经验是对理性的有价值的论证。"因此，关于历史的学习尤其适于向人民发表各种精心谋划的演说，同时也适于在元老院发表各种旨在提供宝贵资政建议的议论[15]。通过描述古代的伟大榜样人物，历史学能激发人们对德行的热爱。从这个意义上说，历史学比哲学更加重要。"更加重要的是，我们还必须了解古代伟人的善言懿行，并永远铭记在心。我们罗马人民的历史记载中这种善言懿行之丰富是任何民族所无法比拟的。在有关勇敢、正义、荣誉、节制、俭朴、蔑视痛苦与死亡等方面，还能有人比法布里希乌斯、库里乌斯、雷古路斯、德希乌斯、穆西修斯和其他无数的人提供更好的教益吗？正如希腊人留下了丰富的箴言，更重要得多的是，我们罗马人留下了丰富的榜样。"[16]

15世纪佛罗伦萨的历史学家遵循了上面的建议。莱昂纳多·布鲁尼在其著作《佛罗伦萨史》（一部马基雅维利十分熟悉的作品）的前言当中说，记录佛罗伦萨人的历史，于公于私都是一件极有意义的事，因为历史可以让人们了解不同时代的古人的事迹和思想观念。它能让人们变得聪慧，让人们学会该做什么和不该做什么[17]。历史还把伟大的榜样人物展示在人们的面前，从而激励人们效仿那些光辉的德行[18]。亚科波·布拉乔利尼在其父亲波焦·布拉乔利尼的意大利语著作《佛罗伦萨史》（15世纪佛罗伦萨的又一部重要的文化著作）的前言中再次阐述了上述主题。他认为历史可以让人们了解不同人和民族的生活特征、古人集会时相互讨论的不同观点、他们的各种思想观念、不同国家的习俗、各式各样的赌博游戏，以及战场上所发生的各种事件。因此，历史能帮助人们反思那些对自身和国家都有意义的事物。[19]

后世的政治哲学已经完全抛弃了基于历史学的政治思考和创作传统。大部分的现代政治思想家都认为，正义的政治制度和决策应该立足于抽象的思考原则。他们不再关注这些原则的具体实践过程。现代的主流理论家不再需要历史了，他们不再援引历史事例去理解当下，或去论证他们的那些一般原理。首先，他们认为——受17世纪托马斯·霍布斯的政治理论的强大影响——历史只能给人们提供一些不确定和备

p.50

受争议的观点。只有哲学，特别是建立在几何学和逻辑学基础之上的哲学，才能提供关于政治原则的确定无疑的真理。另外，他们还认为——伊曼努尔·康德是这方面的权威专家——有效的政治和道德论证必须建立在理性思考而非情感的基础之上。然而，即便现代政治理论有着自己的优势，这种被抛弃的人文主义和马基雅维利式的方法仍然可以帮助人们更好地去理解现实政治，并激励个人做出恰当的政治行为。

马基雅维利认为人类的历史是循环往复而非直线发展的。古罗马等那些历史上曾经强大、自由的国家，到了16世纪则处于被奴役和完全腐化的状态之中。相反，古时的法国是分裂、软弱和受奴役的，现在则是统一、强大和自由的。在漫长的历史长河之中，世界本身是不变的，因为"它有着同样多的善与恶"。然而马基雅维利通过计算发现"善恶的多少因地而异"（*D*, Ⅱ.Preface）。古人比现代人更善于建立和保持政治秩序，因此我们应向他们虚心求教。

马基雅维利还相信政府的形式也是循环变化的。与古希腊的历史学家波利比阿（约公元前200—公元前118年）一样，他也认为存在六种政府的形式：三种好政体的君主制、贵族制和共和制；以及三种坏政体的暴君制、寡头制和民主制。这六种政体呈现出从好到坏的变化过程：君主制蜕变为暴君制、贵族制蜕变为寡头制、共和制蜕变为民主制。马基雅维利在《论李维》开始就讲道："共和国鲜能恢复原来的统治，因为没有哪个能够生存如此长久，虽历经沧桑，遭遇种种变故，仍然屹立不倒。也有可能出现的情况是，共和国虽经种种努力，依然缺少智慧和力量，不得不屈从于较它治理更佳的邻邦。"（D，Ⅰ.2）

马基雅维利还相信上天和其他自然或神秘的力量严重限制了人类自由行动的能力。"天上的星体不断变换着位置，忽高忽低，从不停歇……同样，地上也没有一成不变的事物。"（OW，Ⅱ.757-758）上天的运动和性情影响着人间的事务："从中产生了人间的和平与战争；居住于同一城市的人们由此产生了相互的仇恨。"（OW，Ⅱ.758）统治着人类的超级权力决定着国家的兴衰更替。"德行给国家带来了安宁；安宁又产生了闲暇；闲暇则烧毁着城市和乡村。国家经过一段时间的法律缺失状态之后，德行通常又在那里恢复自己的生机。统治人类的超级权力认可并需要这样的变化过程。因此，太阳底下没有什么曾经或者能够是永恒固定的。过去一直是，将来也一定是的情况是善恶循环相继。"（OW，Ⅱ.763）如果说现代思想家普遍认为人性可以不受自然的限制或具有某种超越性，从而自由向前建构发展，那么马基雅维利一定不算是一个现代思想家。然而，历史也证实了他的观点，除非有人认为欧洲法西斯主义和纳粹政权、种族大屠杀，以及我们时代的种种残暴行为，都可以算作是人性发展的必要阶段。

马基雅维利认为通过预言、神启或神迹，人们可以获得p.52关于上天计划的部分认识。热罗尼莫·萨沃纳罗拉就曾经预言了1494年查理八世对意大利的入侵。马基雅维利相信天象和基于天象的预言。他说："空中弥漫着智慧的精灵，它们既有预知未来的天赋，又对人怀着慈悲心肠，它们用这类征兆警告世人，好让他们未雨绸缪。"（D, I.56）此外，还有更多诸如此类的时代错乱的证据表明，马基雅维利是如此一位脱离了神秘主义世界观的"现代人"。

上天、命运和上帝共同构成了马基雅维利的宇宙。它们各自有自己的位置，但也很难做出精确的区分。上天规定了有秩序的运动、进化循环、衰老、死亡、新生和腐朽。它统治着人间所有事物的过程，并且不定期地运用瘟疫、饥荒和洪水等手段洗涤一个民族和社会。"当自然聚集了太多的多余之物时，它就会自行进行清洗。此乃躯体健康的所在。"马基雅维利认为国家也会经历类似的过程："当各地住满了居民，他们既不能待在那儿，又无处可去，因为到处都人满为患，此时人类的狡诈与邪恶会达到登峰造极的地步。世界必须以上述三种方式之一进行清洗，使人们变得数量极少，又遭受过挫败，方可过上更好的生活，变得更加善良。"（D, II.5）

马基雅维利认为命运女神是多变和邪恶的，她以虐待义人和奖赏恶人为自己的乐趣。马基雅维利在一首诗歌当中描绘了她的角色、地位和力量。她建立了自己的王国，享有统治整个世界的权威，并根据自己的喜好随意安排时间。她的宫殿大门的上面"坐着运气和机遇，没有眼睛和耳朵"；她自己则高坐殿中，周围布满了日夜不停旋转的车轮，因为

"上天规定了惰性和必要性的规律使它们转动"。她任性地运用自己无穷的力量掌控人间的一切，"没有任何怜悯、法律和正义"。她经常"让良善拜倒在脚下，却使罪恶抬头"，无情地剥夺了义人的正义而任意地"赐予恶人"，到头来"不配的人坐在王位上而配的人从来不曾得到"。

马基雅维利认为人类最多只能掌控自己一半的行为。上天安排了有序和必要的运动，而命运女神操纵了机遇和偶然，她有着邪恶、尖刻的眼神。命运女神区分义人和冒险的人，赋予前者以奴役、恶名和疾病的惩罚，而对于那些"猛冲猛撞自己"的后者则赐予权力、荣誉和财富。马基雅维利在《君主论》里有过一段著名的论述："迅猛胜于小心谨慎，因为命运之神是一个女子，你想要压倒她，就必须打她，冲击她。人们可以看到，她宁愿让那样行动的人们去征服她，胜过那些冷冰冰地进行工作的人们。因此，正如女子一样，命运常常是青年人的朋友，因为他们在小心谨慎方面较差，但是比较凶猛，而且能够更加大胆地制服她。"（P, XXV）然而，即便是像恺撒、亚历山大大帝那样最勇敢、最冒险的人，也无法战胜她的力量和恶毒：前者无法到达那"梦寐以求的避难地"，后者则"身负重伤，被敌人杀害"。想要真正掌控她，人们就应"认识时机和世界的秩序，并使自己充分适应它们"。果能如此的话，"人们将一直拥有好运或使自己远离厄运；明智之人就能统治星体和命运"。但是，上天并不允许人类改变自己的天性，最终"命运女神变幻莫测，把人类置于自己的枷锁之中"。

p.54

当命运女神需要人类完成一件伟大的事业的时候，她就会挑选一个品质好、德行高，并能把握住自己所提供的机会的人。同样，如果她想对一个国家施加灾难，她就会扶植一个能导致国家毁灭的人，或任何一个有能力迅速执行自己计划的人。"她要么彻底杀死一个人，要么就剥夺他一切为善的力量。"最后，马基雅维利总结说："人类唯命运马首是瞻，永远不能够反抗她。人类可以编织它的网线，但绝不能够打断她。"然而，这并不代表人类应该停止"在人间事务上操劳费神"，从而接受命运的摆布。人类的德行可以抵抗命运的力量，也可以"修筑堤坝与水渠做好防备"，还可以建立良好的政治和军事秩序。另外，因为命运的安排总是不可预测的，所以不管面对的条件是多么地困难和无助，人们都"绝不应该放弃""绝不应该陷入绝望"。

马基雅维利认为，作为政治智慧和道德灵感的源泉，只有历史知识才是人们实施政治行为的合适的向导。他一方面希望从历史学当中提取一种创建"新方式和新秩序"的必要的政治智慧，另一方面又希望积极弘扬古罗马人的伟大事迹，故而创作了《论李维》。

马基雅维利坚信，通过诉诸古代历史人物的案例，演讲者可以生动地还原历史上的腐败、野心和自负的贪婪所带来的恐怖；不仅影响到听众的理性能力，还能够触及他们的情感和想象，促使他们能够向善去恶。如果君主们读一读古代的历史，他们将会发现历史上的那些好皇帝们安宁地生活于公民同胞之间，"整个世界处处充满着和平与正义"；元老院的权威得到大家的尊重，执政官得到了该有的荣誉；富人们以一种最受人尊敬的方式享用着他们的财富、地位和德行；没有一丝的怨恨、淫乱、腐败或野心，"整个世界充满了胜利的喜悦"；伟大的君主们获得了荣誉，得到了所有人的尊重和喜爱，人民安居乐业。如果再读一读那些坏皇帝们的历史，他们将发现当时充斥着战争，社会被煽动性的言行搞得支离破碎，无论战时还是和平时期都充斥着同样的残暴；暗 p.55杀和泛滥成灾的内外战争使意大利持续坠入厄运；城市遭到了摧毁和劫掠，罗马城被烧毁了，国家的权力机构遭到了自己公民的破坏；古代的寺庙被遗弃，宗教礼仪变得腐败，通奸等罪恶行为肆虐；海上也到处都是那些被流放的人们，石头被鲜血染成了红色，人们犯下了无穷的罪恶；人们得到了不正当的地位、财富和荣誉；最重要的是，德行看起来反而是最大的恶，诽谤者受到最大的奖赏，仆人开始造主人的反，自由人开始造他们的庇护者的反，没有敌人的人们却遭到了自己朋友的攻击。

如果说马基雅维利在《论李维》当中论述的是李维的历史学，那么在《佛罗伦萨史》当中他则是自己在撰写一部历史。与古典时代的修辞学家一样，他相信"如果说每一个共和国的案例都能够打动人心，那么自己国家的事例就更是如此、更有意义了"（*FH*, Proem）。他记述了人们腐败和愚笨的事例，觉得它们是有意义的："记述在这个腐朽的世界发生的事的目的不是为了彰显兵士的力量、首领的德行或公民热爱祖国的情感；而是为了揭示君主、兵士和共和国的首领到底是用了什么样的欺诈手段谋取了本不属于他们的荣誉。了解这些内容同了解古典时代的伟大案例同样有意义，因为后者激励自由的人们去模仿它们，而前者则使人们保持警觉，避免犯同样的错误。"（*FH*, V.1）昏暗的国家历史比单纯的说理更加有意义，这不仅因为它们能够引起人们情感上的共鸣，还因为它们能够引发更加明智的政治智慧。通过记述佛罗伦萨历史上的内讧和派系斗争，马基雅维利提供了如何使共和国秩序免遭冲突之害的有益建议。"如果说再也没有其他对治理共和国的公民们更有意义的教训的话，那么就只有告诉他们城市内部相互仇视和分裂的原因了。因此，在他们借鉴了其他危险案例而变得明智之后，才能知道如何保持内部的自我团结。"（*FH*, Proem）

p.56　　如果我们时代的政治首领能够接受马基雅维利的观点——真正的政治智慧是立足于历史学知识而非哲学家或社会科学家们所建构的某些抽象原则或抽象模型，那么很多危害性的错误其实都是可以避免的。

6

战争与光荣

p.57 我想从你的话开始，你说在我擅长的战争领
域，我未用过任何古代手段。就此我说，由于这
是一门人们无法靠此每时每刻都诚实生活的技
艺，因为除非由一个共和国或王国去使用，否则
它就不能被当成一门技艺使用。这些当中的这项
或那项在被安排妥当时，从不准许它的任何公民
或臣民将它用作技艺，也没有任何好人曾将它当
作他的特技去实习……我说，庞培和恺撒，连同
最后一次迦太基战争之后差不多所有在罗马的将
领，都作为能人而非好人获得名声；活在他们前
面的那些人，则作为能人兼好人获得荣耀。之所
以如此，是因为这些人并不将从事战争当作自己
的专技，而我提到的那些人却将这用作自己的专
技。还有，当罗马共和国政通人和时，从未有任

何伟大公民以此行当为手段，在和平时期破坏法律、盘剥行省、篡夺并施虐祖国，并以各种方式牟利。也未有任何运气不济者想要违背誓言，依附私人，不畏元老院，或从事任何暴虐凌辱，以便无论何时都靠用兵之道过活。那些担任军队首领的人满足于自己的胜利，惯常渴望回归私人生活；那些是军队士兵的人则习惯更强烈地意欲放下武器，甚于拿起武器。每个人都惯于回归他过去一直据以安排自己生活的那种技艺；从未有任何人希望能以战利品和这专技牟取私利……可是，由于这些不将战争用作自己专技的好人不想从它之中汲取任何东西，除了艰辛、危险和荣耀，因为当他们足够荣耀时，他们就渴望返回家园，靠自己的技艺过活。升斗小民和普通列兵都一样，这一点有多真切（从下面的事实一目了然），那就是没人乐意退出这么一种业务，还有当他并非身在行伍时，他并不想望身在行伍，而当他身在行伍时，他会想望得到遣散。这符合多种风尚，尤其见于罗马人民给其公民的首列特权中间有一特权：不得违背其本人意愿而强迫一个人成为士兵。因此，当罗马的制度良好时（即直到格拉古兄弟为止），它没有任何将此业务当作一门专技的军人；即便有少数恶人，这些人也遭到了严厉惩罚。因而，一个制度良好的城邦应当希望战争研习平时被用于训练，战时被用于必需和争取光荣，而且只有公众才可将它用作一门技艺，就像罗马做的那样。任何在这么一种业务中怀有别个目的的公民不是好公民，任何以别种方式被治理的城邦不是好城邦。

——《用兵之道》，I.51-76

吉林出版集团有限责任公司，2013年版（时殷弘译）

马基雅维利认为战争是人类最大的恶。从自己的切身经验以及佛罗伦萨军事指挥官和军队代表所提供的报告中，他深知战争的真实模样。马基雅维利把战争视为"可悲的凡人的一种可怜和残暴的爱好"，它使上帝不悦。人类在战争中展示了自己的残暴，特别是对于女人、未成年人和非作战人员。1512年8月，当西班牙人征服普拉托的时候，马基雅维利在一封写给一位佚名贵族夫人的信中说："4000多人被残忍地杀害了，其他人都沦为阶下囚，他们不得不以不同方式为自己赎身；他们对圣殿里的处女毫无同情之心，强奸和亵渎行为无处不在。"

马基雅维利认为战争是人类野心的结果，它给人类带来了残酷、非人道和恐怖的痛苦遭遇。[20]即便是那些为了争取民族自由的战争，它们也不可避免地充斥着残暴行为。通过记述佛罗伦萨内部冲突的历史，马基雅维利表达了自己对战争的厌恶之情："梅瑟·古格利莫和他的儿子被交到数以千计的敌人的手中。他的儿子当时还不满18岁，但他的年龄、身体状况和无辜都无法让他从敌人的愤怒中幸免。他们在死前早已身负重伤；敌人们还不满足，用剑把他们切成了碎块，然后又用手和牙齿把他们弄得稀巴烂。"即便作恶的凶手是自己的佛罗伦萨同胞，马基雅维利也丝毫不偏袒他们，认为这是一种应该受到最强烈谴责的、恐怖的残忍行为（*FH*, Ⅱ.37）。

尽管战争充满了恐怖，但有时又是不可避免的，特别是当一个民族的自我生存面临危险的时候。此时的战争是因为大规模的人口迁徙导致的："整个民族的人拖家带口，或是因为灾荒，或是因为战争，不得不离开故乡去寻找新的土地，并非行使统治权……而是要绝对占有这个地方，把原住民赶尽杀绝。"（*D*, Ⅱ.8）当奴役作为和平的代价的时候，战争也是不可避免的。在《论李维》当中，马基雅维利用赞许的口吻引述了萨谟奈人（一个意大利半岛中东部的反抗了罗马帝国长达数百年之久的英雄民族）政治首领的一句话："他们之所以反叛，是因为和平对于奴隶，要比战争对于自由人更严酷。"（*D*, Ⅲ.44）最后，当一个共和国或君主国以好战者为邻时，它们出于安全考虑，也会通过战争扩张领土。

马基雅维利在《君主论》中说："一切国家的基础乃是

p.60

良好的法律和良好的军队，如果没有良好的军队，就不可能有良好的法律，同时如果那里有良好的军队，那里就一定会有良好的法律。"（*P*, XII）在《用兵之道》一书当中，他继续发展了自己的论述。现代理论则认为军事和公共生活是互不相容的。与这种现代理论不同，古典理论认为两者是兼容并相互需要的。"因为，为了共同体的共同善而被妥善安排的一切技艺，在对法律和上帝的敬畏之中被造就的所有典章制度，如果缺乏必要的防卫措施，都将全然无用，更何况那些不那么完美的构设。因此，如果脱离了军事上的支持，良好的习俗也将遭受同样的伤害。这就像富丽皇宫里的一间房间，即便它到处镶满了宝石与黄金，缺少了房顶，也无法阻止雨水的进入。"（*AW*, Preface）

共和国的首领和君主们不应该学习马基雅维利同时代的那些意大利的君主们，因为他们觉得"一个君主只需考虑如何在学习上保持敏锐的反应力、如何写一封精美的信件、如何引经据典去炫耀自己敏捷而聪明的才思、如何粉饰一个谎言、如何用宝石和黄金装扮自己、如何在睡觉和宴会上讲排场、如何享受各种淫乐、如何贪婪而自负地对待臣下、如何在懒惰中变腐化、如何根据个人喜好随意在军队中授人以官职、如何蔑视那些宣扬值得称赞的事物的人、如何希冀他人把自己的话当成神谕"。一个伟大的政治领袖必须"热爱和平，但也知道怎样发动战争"（*AW*, I.12）。他们绝不能依靠雇佣军或外国援军（联盟派遣的由它们自己的军事首领指挥的军队），因为他们"不团结，怀有野心，毫无纪律并且不讲忠义"。雇佣军在对待朋友时是勇敢的，但在面对敌人的时候都是懦夫。他们不敬畏上帝，待人亦不讲信义。除了一点军饷外，既没有情感原因，也没有其他动机使他们走向战场，而那点军饷并不足以使他们愿意为共和国或雇佣他们的君主牺牲性命。不打仗的时候，他们喜爱当兵，但是当战争发生的时候，他们就逃避或一走了事。马基雅维利说："要证明这一点是毫不费力的，因为现在意大利崩溃不是由于别的原因，而是由于它许多年来依赖雇佣军。"（*P*, XII）在《论李维》当中，马基雅维利更加强烈地重申了这一原则："没有自己的军队以备攻守的当代君主和现代共和国，应当为此而羞愧。"（*D*, I .21）

p.61

马基雅维利热衷于古罗马的军事模式，他说："如果同古人的德行结合在一起，火炮是有益的，不然的话，它便没有多少好处。"（*D*, II .17）他还认为步兵比骑兵更重要，"堡垒要塞一般来说是更加有害而非有用""战争之筋骨，非如俗见所言之金钱，而是精兵。有金钱不足以得精兵；若有精兵，则得金钱易如反掌"（*D*, II .10）。再一次遵循着古罗马的伟大榜样，马基雅维利认为军事首领在指挥作战的时候，用不着与政治首领们商量战争的每一个行动细节。伟大的军事指挥官也必须知道如何对士兵讲话，因为言辞说服的力量在战争中经常比严格的纪律更加重要。宗教祭祀的仪式也必须以最虔诚的方式来进行。马基雅维利认为，宗教和古代士兵被迫许下的誓言是"非常有意义的"。它们使士兵更好地服从命令，并保持纪律的严明。因为"在他们被威胁不要犯的各种错误当中，不仅包含了对人类规定的罪恶，还包括了对上帝规定的罪恶的恐惧"（*AW*, Ⅳ.141-3）。

马基雅维利理想中的士兵形象完全与现代的士兵相反：忠于共和国或他们自己的国王；勇敢地与敌人作战，但同时要尊重非作战人员的生命和财产；随时准备为争取国家的自由而战，但也要渴望尽早地结束战争；更重要的是要敬畏上帝、约束自己的行为、实践自己的诺言。《用兵之道》当中，p.62法布里齐奥·科隆纳对士兵亵渎宗教行为的痛斥恰如其分地反映了马基雅维利自己对当时军队的失望之情："我将如何让那些从出生的时候就不曾有过羞耻感的人感到惭愧呢？……用什么样的上帝或圣徒才能让他们恪守诺言？才能让他们有所仰慕、有所诅咒？我不知道他们仰慕什么，但我清楚地知道他们诅咒一切。我如何相信他们会恪守自己对无时无刻不在诋毁的对象所许下的诺言？这些诋毁上帝的人们又怎么会去尊敬人类呢？我们能指望这样的材料塑造出什么好的形象呢？"（*AW*, Ⅶ.217-24）

战争如果得到合理地使用，它将给人类带来光荣。马基雅维利赞扬异教精神，因为它"只赞美获得现世光荣的人"，同时批评基督教，因为它宣扬"谦逊，卑躬屈节和厌世"。马基雅维利再一次试图恢复古典的观念，期望人们献身于现世光荣而非来世灵魂的拯救。他甚至认为一个真正追求现世光荣的君主应该身处一个腐败的世界，"不是像恺撒那样彻底摧毁它，而是如罗慕路斯那样予以整饬"。现世光荣也可能成为永恒。创立或保持一个共和国或王国的人会得到"不朽的荣光"；共和国的拯救者的死亡只会让他在现世获得永恒的光荣，完全不同于那些败坏共和国之流（*D*, Ⅰ.10）。在《君主论》当中，马基雅维利向新的君主保证说，如果能够遵守自己的建议，那么他就将"获得加倍的光荣，因为他既创立了一个新国家，又以好的法律、好的军队、好的盟友和好的榜样，使它强大起来了"（*P*, XXIV）。如果这位新君主能够完成把意大利从蛮族手中拯救出来的伟大事业，他将毫无疑问地获得与摩西、居鲁士和提修斯一样的光荣（*P*, XXVI）。当马基雅维利把自己的这部著作献给梅迪奇家族的时候，他强调说如果自己的建议被采纳，那么他们将获得比自己的祖先更多的光荣。"在上帝所赋予您家族和神圣的您个人的众多幸运当中，这是最伟大的一个。这是能够让您名垂青史，并因此可以大大超过您父亲和先祖光荣的力量和物质。"[21]

p.63

然而，不论上帝所承担的分量有多重，光荣对人类来说是一种现世的奖赏。一个人在现世获得永生的方式就是留在人类的永恒记忆之中。当然还有一条遗臭万年的恶名之路，它应该成为让人们时时恐惧的东西，正如前者让人们心生向往。善与恶往往相伴随，流芳百世与遗臭万年也是相近的。人们很容易把后者混淆为前者。马基雅维利建议统治者绝对不要做一个暴君。暴政使君主和国王们失去了"光荣、安宁和精神的和平",换来的是"恶名、蔑视、憎恶、危险和烦扰"。因为他们对共和国和王国的事业构成了破坏,又背离了德行,所以他们是一切人类当中最臭名昭著和令人憎恶的。然而,尽管存在着这么多的危险和恶名,现实中的很多统治者还是变成了暴君,并且如果不加阻拦的话,还会有更多的人敢于冒天下之大不韪。或自甘堕落,或出于无知,但不管出于哪种情况,他们是被"虚假的善与虚假的光荣"(D, I .10)所蒙骗了,比如佛罗伦萨人长期以来"不追求真正的光荣,反而去寻求仇恨、敌意、漠然和派系斗争所赖以存在的那令人可鄙的荣誉感"(FH, III.59)。

这种给人类带来无尽苦难的正是恺撒式的虚假的荣誉观。马基雅维利警告说,不论历史学家和作家们如何美化恺撒,人们都不应"被恺撒的光荣观所蒙蔽"(D, I .10)。臭名昭著的阿加索克勒斯拥有巨大的力量,他出入危殆之境游刃有余,表现出了经受和克服困难的"无法阻挡的精神品质"。然而,出卖朋友、缺乏信用,毫无恻隐之心,没有宗教信仰,他尽管赢得了统治权,但无法赢得"光荣";并且,马基雅维利特别强调他不配"跻身于大名鼎鼎的最卓越的人物之列"(P, VIII)。要想赢得光荣,就必须具备勇敢坚定的品质,还要合乎良善的标准,就像最后一次布匿战争前的罗马将军们,他们"勇敢而良善地赢得了光荣",而恺撒和庞培之类的将领仅仅收获了勇士的名声而已(AW)。尽管也有一些卓越的品质,恺撒和庞培却误入了光荣的歧途,因为野心扰乱了他们的心智、唆使他们违背法律、洗劫地方、奴役他们的祖国并为自己捞取财富。马基雅维利在《论李维》当中说，人们对真正光荣的热爱对自己来说是一种约束性原则，它能使人们做出良好的行为（D, Ⅱ.33）。

马基雅维利完全同意名声（fame）和光荣（glory）是截然不同的古典思想。[22]名声是对重大、卓越或不同寻常的军事或政治行为的奖赏，它使人们获得了长久甚至是永恒的美名。如果佩鲁贾的暴君乔旺帕格罗·巴利奥尼有勇气杀死自己的死敌教皇尤利乌斯二世——当时后者鲁莽地进到城里，身边只有红衣主教们和少量的士兵，那么他将只能收获"不朽的名声"而非光荣。他之所以能够获得名声，是因为他"将成为证明教士们的做派和执政方式是多么为人所不齿的第一人，将完成一项其伟大胜过它所带来的恶名和危险的成就"。但是，该行为本身的恶，以及他本人的乱伦行为，将使他无法赢得真正的光荣（D, Ⅰ.27）。

马基雅维利承认人们的判断力有时比自己要差一些。普通人关注"外表与结果"（P, XVIII）。他们把名声等同于光荣，就像阿拉冈国王费尔迪南多由于自己的"名声与光荣"而成为"基督教世界中首屈一指的国王"（P, XXI）。马基雅维利解释说，他之所以在很多的时间里获得这么高的地位，是因为他所完成的伟大而卓绝的事业。在《君主论》稍前的篇章中，马基雅维利还评论说，如果他讲究信用，那么"他的名望或者他的权力就不免三番五次被人攫取了"（P, XVIII）。

但是，马基雅维利认为费尔迪南多赢得的是名声而非光荣。

"对于背信弃义、违反条约的欺诈，我不认为有何光荣；因为，即便你有时篡夺了国家或王位，它也不会给你带来任何光荣。"（*D*，Ⅲ.40）

马基雅维利认为光荣和财富都是"每个人追求的目标"。他试图使人们重新燃起热爱光荣的激情，并引导它朝着合适的目标发展。他向人展示了创立或改革一个共和国、王国的君主、首领和立法者的伟大事迹。他描述的是古罗马人民的伟大榜样们——他们400年来一直"热爱着光荣和国家公共善"（*D*，Ⅰ.58），还提到了像洛伦佐这样的卓越的爱国者——他在完成了一项危险的外交任务回到国内的时候被尊为"伟大的人物"（*FH*，Ⅷ.19）。

同时，马基雅维利还鄙视那些对光荣无动于衷的君主们，就像当时意大利的那些"卑微的君主们"那样。他们对"任何光荣都毫不关心"，只想"生活得更富有或更安定"（*FH*，Ⅰ.39）。马基雅维利认为，在谋求自由的时刻，比如反抗暴政或动员公民去反抗自傲的人的奴役，一颗追求光荣的心是人们奋而能够做出伟大行为的唯一动力。

7

必不可少的宗教

p.67　　古人为何比今人更热爱自由？思考良久后我认为，这与今人羸弱的原因是一样的，是我们的教养不同于古人的教养所致，而这种不同的基础，是我们的信仰不同于古人。我们的信仰，指明了真理和真理之道，使我们不看重现世的荣耀，而异教徒却对它极为推崇，把它视为至善，所以他们的行为也更加狂暴。从他们的许多制度便可推导出这一点。他们祭牲的仪式之壮观，与我们的祭祀之谦卑形成鲜明对照。我们的场面盛大则盛大矣，却是精致有余而壮美不足，更无充满活力的狂野之举。他们的仪式不但兼有盛大与壮美，且辅之以血腥残忍的祭牲，屠杀成群的动物。这种可怕的场面，能够使人与它浑然一体。此外，除了现世荣耀等身者，例如军队的将帅和共和国的君主，古代的信仰从不美化其他人。我们的信仰所推崇的，却是卑躬好思之徒，而不是实干家。它把谦卑矜持、沉思冥想之人视为圣贤，古代信仰则极为推崇威猛的勇气与体魄，以及能够使人强大的一切。如果我们的信仰要求你从自身获取力量，它是想让你具备更大的能力忍辱负重，而不是要你去做什么大事。这种生活方式让世界变得羸弱不堪，使其成为恶棍的盘中餐；看到那些一心想要上天堂的民众，只想忍辱负重，从来不思报复，他可以放心地玩弄世界于股掌。这个世界被搞得看上去女人气十足，天堂也被解除了武装，但这种局面无疑是一些人的懦弱造成的，他们在解释我们的信仰时，只图安逸，不讲德行。假如他们认为，信仰允许我们壮大并捍卫自己的祖国，他们就会认识到，信仰希望我们热爱自己的祖国，为它增光添彩，为保护它而做好准备。这种教养，这种荒谬的解释，使我们今天再也看不到古代那样众多的共和国了，从而再也看不到人民中间有着像当时那样多的对自由的热爱了。

p.68

——《论李维》，第2卷第2章

上海世纪出版集团，2005年版（冯克利译）

马基雅维利强烈地批评基督教。这不仅因为他极力嘲讽僧侣、托钵修会修士、祭司和教皇，还因为他觉得罗马教廷是导致意大利政治四分五裂和腐朽堕落的罪魁祸首。他说："教廷的恶劣行径使这里的虔敬信仰已丧失殆尽，故而弊端与骚乱丛生；崇尚宗教的地方，人们事事都往好处想，同理，失去宗教的地方，人们事事都往坏处想。所以，我们这些受惠于教会和僧侣最多的意大利人，变得既无宗教又邪恶。"他甚至认为，如果罗马教廷搬到瑞士去——"唯有那儿的人民在宗教和军事方面恪守先祖之道"，几年内它就使那里最有德行的公民彻底地腐化堕落。

p.69 另外，马基雅维利认为罗马教廷由于政治权力和财富上的考量，总是能够成功地阻止意大利的统一。"教会无论过去还是现在，总让这个地域保持四分五裂的状态。的确，一个地方若不能如法国或西班牙那样，由一个共和国或一个君主来统辖，它的统一或幸福便无从谈起。意大利没有这样的境遇，缺少一个共和国或君主来统治它，教会是唯一的原因。"（*D*，Ⅰ.12）教廷更加致命的危险体现在马基雅维利在本章开始对天主教的控诉之中。他认为天主教使这个世界变软弱，并摧毁了古典时代人们强烈热爱自由的情感。它不仅使这个世界更易于落入恶人的魔爪，还剥夺了人们，特别是意大利人，把自己从奴役当中解救出来的道德手段。

在谈到非基督教，特别是古罗马人的宗教的时候，马基雅维利则持一种完全不同的看法。他认为"崇尚宗教的地方，人们事事都往好处想；失去宗教的地方，人们事事都往坏处想"。他甚至认为"宗教的首领和号令者"在值得称颂的人的等级序列中，比王国或共和国的创立者还要高。因此，罗马人更应把光荣归功于创设宗教仪式的弩马，而非政治和军事制度的创立者罗慕路斯。这是因为"有宗教的地方，不难建立军队；有军队而无宗教的地方，引入宗教又谈何容易"。如果没有宗教，士兵的誓言将毫无意义，因此就不可能指望他们在保卫国家的时候能够献出自己的生命。相反，对神的敬畏"使罗马元老院或大人物无论筹划什么功业，都更加方便易行"（*D*, I .11）。

每当在政治与军事的危难时刻，宗教都是道德力量的宝贵来源，其重要性甚至超过了古罗马人对国家的情感。马基雅维利对此论述说，公元前216年，当罗马军队在坎尼被汉尼拔大败后，西庇阿发现一些罗马公民打算逃离城市，他不得不用剑威胁逼迫他们立下永不背弃国家的誓言。这些人最终选择留下并成功保卫了罗马，因为他们"害怕违背誓约，更甚于害怕法律；敬重神的力量更甚于人的力量"（*D*, I .11）。马基雅维利在这里无疑夸大了宗教的力量。记述这个故事的李维实际上强调的是西庇阿的个人勇气，是西庇阿而非什么神明才是真正让公民心生畏惧的源头。p.70

罗马人的宗教"鼓舞了平民"，激励他们去反对傲慢的元老院，并使罗马避免陷入暴政和腐败。另外，罗马人的宗教还能"让人保持良善""给恶人带来羞耻"。马基雅维利认为如果没有良好的风俗，法律不会自动让人变好，而只有宗教才可以塑造出良好的风俗。宗教巧妙地把羞耻感注入人们的心中，使人们在违反道德律法的时候能够感到良心上的痛苦。他也提出了宗教在共和国比在君主国更有必要的这种看似有些古怪的观点，因为当人们"失掉对神明的敬畏的时候"，还可以"援之于对君主的敬畏来弥补宗教的缺失"（D，Ⅰ.11）。宗教是共和自由的必要条件，它的缺失将使人们易于服侍于他人。历史在这一方面是最好的见证者：古代一切自由的民族，比如萨谟奈人、伊特鲁里亚人和罗马人都是信奉宗教的。日耳曼自由城市的人们也是如此，他们是马基雅维利时代唯一享有自由的民族。古代的民族信奉的是非基督教，而现代社会都是基督教国家，这点在马基雅维利看来不是什么问题。他根本不在乎神学。马基雅维利看重的是宗教规定和宣扬的公民精神伦理。不信奉宗教的民族，比如当时的意大利人，受奴役的情况最为严重：一方面受到国王、暴君和外国统治者的政治奴役，另一方面又因丧失了内心的力量而在道德上受到奴役。

p.71　　宗教在创建新政治秩序的时候（马基雅维利所认为的最光荣的政治任务），也是十分必要的。正如我在前面所提到的，马基雅维利向意大利未来的拯救者保证他将获得上帝的支持。在《论李维》当中，他强调说："给人民创立不同寻常的法律的人，不可能不借助于神明，因为不然的话，他们是不会接受这种法律的。"像莱库古、梭伦这样的伟大立法者都假装受到了神明的启示，因为他们关于新法律的理性说理不足以说服自己的公民同胞们。同理，当1494年热罗尼莫·萨沃纳罗拉鼓励佛罗伦萨的精英们为共和国创制的时候（正是这个政府聘用马基雅维利为秘书长），他也借用了上帝的力量。"佛罗伦萨人看上去既不蒙昧，亦非蛮人；但教士热罗尼莫·萨沃纳罗拉却能让他们相信，他是代上帝立言。我不想深究此事的真伪，因为在谈到这位大人时，我们应当心存敬畏。不过我确实要说，相信他的人不在少数。因为他的生平、他的学识、他所延揽的臣僚，足以让人们对他深信不疑。"（D，I.11）

马基雅维利认为任何政治秩序，尤其是共和国在创立、维系和改革的时候，都需要借助宗教的力量。但他也觉得当时盛行的宗教形式都已经彻底腐化了，它们根本不可能成为捍卫政治自由的手段，反而会产生巨大的危害。为解决这个难题，马基雅维利提出了几条建议。他为君主们和共和国的领袖们提出的首要原则性建议是："善加维护它们所掌握的宗教基础"；对凡是能增益于宗教的事物，都要予以发扬光大，"即使他们断定为谬说"（D，I.12）。这样他们就能维护国家的虔敬，并因此保持它的"良好和统一"。同时，他又在寻找一种能激发公民热爱自由、培养公民良好精神伦理的宗教形式。

一些学者认为马基雅维利梦想复兴早已灭亡了的非基督教形式。他在《论李维》当中似乎在说"基督教共和国的君主们如果像基督耶稣为国家创立法律那样"，保留非基督教当中的公共伦理，那么基督教国家将"比现在更加团结、更加幸福"。但是，马基雅维利深知古代的非基督教形式根本不可能被恢复，因为基督教"压制了非基督教的一切体制和仪式，把它的古代神学记忆清除得一干二净。"（*D*, II.5）他并不幻想回到非基督教形式，因为基督教已经包含了自由宗教的一切元素。佛罗伦萨共和主义基督教有一条基本的原则，即一个基督徒必须是一个好公民，他要为国家的共同善而服务，这样他才能在世上完成那个神圣的计划。上帝本就参与了人类的历史，它热爱自由的共和国；支持和欣赏实行正义之治的人；按照自己的形象创造了人；希望人类凭自己的德行变得跟自己一样，也希望人类通过努力建造一个跟天上之城一样的世俗之城。耶稣和西塞罗、使徒和罗马共和国的英雄们，可以在佛罗伦萨肩并肩共存。对马基雅维利时代的佛罗伦萨而言，真正的宗教圣者不是摒弃世界的禁欲主义者，也不是一味遵循教廷命令的善男信女，而应该是把自由和祖国置于最高地位的公民。

马基雅维利关于基督教的解读与腐化的罗马教廷形成了鲜明的对照，它呼吁进行一场宗教和道德的改革，以便重新唤醒仁慈和正义。马基雅维利觉得罗马教廷对基督教的理解是错误的，它依据的是懒惰的标准，而非理所当然的"德行"标准。他说："如果它考虑一下基督教如何允许我们壮大并捍卫自己的祖国，它就会意识到，基督教本身就希望我们热爱自己的祖国，为它增光添彩，为保护它而做好准备。"
（D，Ⅱ.2）因此，在对基督教的正确理解下，它可以作为一
种公民宗教，为共和主义自由的复兴提供前提条件。

在马基雅维利创作《论李维》的时候，马丁·路德正在 p.73
德国掀起一场新教改革运动。其实，马基雅维利在其著作中
也在构想一项如何培养自由公民的宗教与道德改革。他希望
恢复共和国和基督教创立之初时的原则精神。人类必须重新
找回正义，既要惩处那些违背宪制法律的人，无论他们有多
么强大；也要奖赏那些为共同善而尽力服务的最有德公民。
他还敦促恢复恰当的宗教崇拜仪式。他把一个共和国回溯到
自己开国精神原则的过程叫作"复检"（re-examination）。他
说："正如前面所说的，共同生活于无论什么制度下的人，
要通过外在事件或内在运动，进行尽可能频繁的自我检查。"
（D，Ⅲ.1）马基雅维利引用了圣方济各和圣多明我的例
子——两位17世纪末的宗教典范，他们追求基督教的清贫之
道，效法"耶稣的人生榜样"；马基雅维利把他们作为可能
的理想改革模型。但是他们的改革并未引起教廷的普遍变
革，因为他们宣扬"以罪恶的语言议论罪恶，也是罪恶；服
从腐朽的高级教士才是美好的生活；如果他们犯下过失，就
把他们留给上帝惩罚"等教义。但无论如何，他们还是把基
督教的原初信条和信仰重新带回了基督徒的心灵之中。

马基雅维利希望的改革具有政治和宗教的双重意味：既
要重新找回正义和公民的爱国热忱，又要恢复基督教的仁爱

实践。但是，他的希望最终都落空了。复兴政治自由的政治改革并未发生，现实中的政治压迫却在侵蚀着意大利的每一寸土地。宗教上的改革也未进行，相反，意大利经历了一场宗教上的反改革浪潮，形成了进一步奴化人们心灵并帮助维持了数世纪政治压迫的宗教狂热思想。与此形成鲜明对照的是，宗教改革发生的地方，比如英格兰、荷兰，尤其是美国，都成功地建立并维持了政治自由。在马基雅维利所有的天才直觉之中，政治自由和宗教间存在的强大关联性判断被证明是最为睿智的。

8

自由的哲学家

以共和国的名义进行管理的城市国家，尤其是那些组织不佳的城市国家，经常变换其统治者与政制；它们并不像许多人认为的那样，在自由与奴役之间摇摆，而是在奴役与放肆之间摇摆。无论是平民还是贵族——前者是放肆的助长者，后者是奴役的助长者，都只是在口头上赞赏自由；他们谁也不愿意服从法律或者官员。诚然，一旦出现（实属罕见）睿智贤良、大能大德之人，实乃城邦之万幸，此人要为城邦制定法律，平息贵族和平民之间的积怨，或者使各方严格约束自身，不致做出无法无天的恶行；如此一来，那个城市才能够称得上自由，而那个政府才能被认为是稳定而牢固的。因为，以良好的法律制度为基础，有效地实施执行，不用如同实行其他制度的城邦一样，城邦的安危需要靠一个人的品德来维系。许多古代的共和国能做到长治久安，国祚绵长，实有赖于这样的法律规章。如果缺少这样的法律规章制度，就不可能有国家的稳定和安宁，那些国家的统治经常摇摆于独夫暴政和群氓放肆之间，从一种形式变成另一种形式；因为任何一种形式都有强大的敌人，不存在或者无法存在任何稳定性：因为一种统治不喜欢好人，而另一种统治不喜欢智者；一种统治作恶容易，另一种统治行善极难；在一种统治中，蛮横无理的人有过多的权力，而在另一种统治中，愚昧无知的人有过多的权力；为了国家的利益，这两种统治都需要德行出众、生逢其时之人，而那些人可能由于已经作古而不再出现，也可能由于遭受苦难而无法报效国家。

——《佛罗伦萨史》.Ⅳ.1

吉林出版集团有限责任公司，2013年版（王永忠译）

　　《君主论》是一部指导君主如何建立君主国的著作。尽管，数百年来此书的作者，马基雅维利，因此收获了不少的美誉或恶名，但实际上他是一位不折不扣的共和主义的支持者，为此他提供了极具说服力的论证，尤其是在《论李维》当中。人们可能无法理解一个人如何既是共和主义者，又同时能写下《君主论》这样的作品。数百年来，学者们给出了各种各样的解释，其中最恰当的还是要在马基雅维利本人1513年12月10日写给韦托里的信中去寻找答案。他说他要向世人证明，他比任何人都明白如何才能建立和维持一个君主国和如何建立一个能够确保法制和秩序的君主国，继而完成意大利（至少大部分地区）统一的伟大事业。鉴于自己在为共和政府效劳的15年的岁月里所表现出的能力和正直品行，马基雅维利还希望梅迪奇能够让他在佛罗伦萨或罗马（当时焦瓦尼·德·梅迪奇担任教皇称利奥十世）担任一定的官职。尽管梅迪奇家族已经彻底摧毁了马基雅维利推崇的共和政府形式，但是为官从政对他来说仍然是为佛罗伦萨、意大利，甚至他自己谋福利的唯一方式。切实地参与政治事务是马基雅维利最热爱的职业。即便他能很好地适应没有政治的生活，但那对他是毫无意义的。因此，作为一个身处君主政治时代的共和主义者，马基雅维利撰写了《君主论》。

马基雅维利视自由为最高尚、最珍贵的政治价值。他完全接受了古典共和主义和15世纪佛罗伦萨共和主义的政治思想，认为政治自由就是摆脱操纵与支配。在摆脱了暴君或寡头的肆意统治之后，人们就是自由的。自由的这个定义同样也适用于一个城邦或民族。当一个城邦或民族不受其他城邦或民族支配的时候，它就是自由的。马基雅维利在《论李维》开篇就说，城邦要么是由"自由的人"，要么是由"依附别人的人"所建立起来的（D.Ⅰ.1）。第二种情况下所建立起来的城邦不太可能完成像罗马那样的自由城邦所取得的伟大成就。

马基雅维利多次强调，只有在共和制的政府下，政治自由才有可能。他说："统治人类的所有国家形式当中，要么是共和国，要么是君主国。"几行文字之后，他把共和国直接等同于自由，说人们"习惯于一位君主的统治，或者习惯于自由生活"。在一位君主统治的城邦或国家里，人们只习惯于服从，不懂得怎样自由生活。在《君主论》"市民的共和国"一章当中，马基雅维利提到了三种相互排斥的可能结果：君主国、共和国和无政府状态。在《论李维》里，他断言说："统御众民者，要么施以自由之道，要么施以君主之道。"（D.Ⅰ.16）在其他的章节，马基雅维利说古代的意大利众部族"都是自由的民族"，没人听说"他们当中哪一个曾经拥戴过一位王"（D.Ⅱ.2）。在威尼斯统治了自己周边的几个意大利城镇后，马基雅维利说他们"习惯于君主统治下的生活，而不是自由的生活，习惯于当奴才"（D.Ⅲ.12）。

在马基雅维利看来，政治自由与君主国是两个无法相互兼容的事物，因为君主国的臣民被排除于国家事务的讨论之外，也不能担任任何官职。他们或许能够享有些许安全感，但却极不可靠，因为他们永远听命于君主的意志，对服务于自己或别人的特殊利益的法律也毫无影响力。他们的这种随时受君主压制的可能性必然会带来某种恐惧，然后随之而来的是奴性——一种与自由公民的地位和责任绝不匹配的品质。摆脱恐惧和奴性，这是一个真正自由的民族的典型特征。"共和政府产生的共同利益是不必为妻儿的名誉担心，也不必为自己担惊受怕。"（*D.* I .16）马基雅维利说，"只要共和国不腐化"，罗马人民"永远变不成奴才"（*D.* I .58）。

共和国善于赋予公民们以政治自由，因为他们适于执行那些有利于共同善的行动。共和国的公民"比君主更精明、更稳健，判断力更出色。普遍的意见有着神奇的预见力，那么它似乎也含有某种隐蔽的德行，能够预知善恶"（*D.* I .58）。人民一旦辨明了他们的共同善，共和国政府就具有强大的执行力。"毫无疑问，如果不是在共和国，这种共同利益就得不到认识和尊重，因为人们采取了一切以共同利益为目标的行动。它也许会伤害这人或那人，然而它的受益者如此之多，所以他们总是站在它这一边，反对少数受害者的偏见。"（*D.* II .2）

即便共和国的主权权力——制定法律、任命代表和官员的权力——属于人民，它也必须始终在法律的范围内运行。君主国和共和国"都需要受到法律的管束。能够为所欲为的君主，无异于疯子；能够为所欲为的人民，必属不智"（*D.* I .58）。除了法律的制约，马基雅维利还认为人民的权力还要受到王权和贵族权力的限制。他再次接受了古典的共和主义传统观念，认为一个良好的共和国必须是混合制的，比如莱库古"在斯巴达实施的法律，把不同角色赋予国王、贵族和平民，使国家存续了800年，既为他本人赢得了至高的赞美，也维持了城邦的安宁"，或者是作为"完美的共和国"的罗马——随着平民的护民官制度的建立，它成为混合制的政府，其中执政官、元老院和人民会议分别体现了王、贵族和平民的力量（*D.* I.2）。在共和国政府的三种成分当中，平民权力的比重必须要超过其余二者，因为平民才是自由的真正卫士。"护卫某物之权力，当授予对此物无侵夺欲的人。考察贵族之目的与平民之目的，可知前者支配欲甚强，而后者只有不受人支配的欲望，故较之权贵，他们也有强烈的意愿过自由的生活，更不愿意伤害这种自由。"（*D.* I.5）

为了捍卫自由，共和国首先要做并必须持之以恒的工作是保护法律。在《论李维》当中，马基雅维利把政治生活与不受法律约束的暴君体制之间做了比较，同时也极力反对伤害"公民风俗习惯"的暴力行为（*D.* I.25，I.37）。在《佛罗伦萨史》当中，他再次把公共生活与"唯一权威"做了对比（*FH*, VIII.1）。马基雅维利所谓的法治的意思是说人人都要守法，公民们的一切行为都要平等地依靠统一的法律而做出评判。跟法学家一样，他认为普遍、公正的法律是公共生活和自由的基石。他表示法律能够"使人向善"，也就是说为了公共和政治生活的需要，法律迫使人们致力于共同善，避免伤害其他公民同胞的利益（*D.* I.3）。

一个明智的立法者必须首先假设"人心都是邪恶的"，人一有机会就会行为不端，然后才能着手制定法律。马基雅维利多次强调，尤其是在《君主论》第十七章当中，他说人们是"忘恩负义、容易变心的，是伪装者、冒牌货，是逃避危难，追逐利益的"。因此法律就是必需的，而一旦法律建立后，它就必须排除任何特权或例外而要求得到普遍地遵守。无论罪犯具有多么优秀的个人品质，抑或他曾经对社会做出过多少伟大的贡献，他都必须受到应有的惩罚。马基雅维利说："举凡治理良好的共和国，从不允许公民将功折过；有功则赏，有过则罚；一人立下功劳，则犒赏之；日后犯下过失，则严惩之，全然不会顾及他的功劳。"他进一步总结道，如果这条正义的法律原则遭到抛弃，那么"文明的生活也将随之瓦解"（*D.*Ⅰ.24）。

　　为了保持良好的统治秩序和防止腐败，马基雅维利强烈建议共和国必须根据法律，也必须由公共的权威机构来施加惩罚，绝不能依赖法律之外的个体公民。罗马共和国历史上曾经有一个叫科里奥拉努斯的贵族，为了达到削弱平民权的目的，他曾经提议扣留原本发放给平民的粮食。当时的护民官把他招来并让他上法庭申辩，从而把他从平民的愤怒中成功解救了出来。马基雅维利说，如果民众动用私刑打死了他，那这就是一件错误的私斗事件。这种对法治的亵渎将会导致人们对法律效能极大的不信任，让人们觉得法律无法为人们提供恰当的保护。公民们为了自卫而结党，由结党而亡国。因为公共权威机构依据法律对该事件进行了恰当的处理，所以罗马共和国没有遭受什么严重的后果（*D.*I.7）。

法治还意味着国家的一切法令都必须以共同善为目的。《佛罗伦萨史》一书当中记录的一位公民的演讲，他雄辩地说为了恢复"自由和文明生活"，佛罗伦萨必须重新制定以共同善为目标的法令，并彻底结束派系政治——"政策法令不是为了所有人，而纯粹是为了一己之私利；违背了自由生活的原则，而是任由掌权派系的野心所控制。"（*FH*，III.5）当罗马共和国变得腐化之后，"只有权贵能提出法律，不是为了共同的自由，而是为了自己的权势"（*D.*I.18）。

共和国必须尽最大的努力和决心去捍卫公民言论自由的权利，尤其是在国家会议机构当中。马基雅维利援引罗马共和国的旧制度说："护民官或任何公民都能向人民提出制定法律的动议，在做出决定之前，每个公民无论赞成还是反对，都能对它发表意见。"他说这是一项好的制度安排，"人人都能表达自己的看法，在听取各方的意见后，人民可以择善而从"（*D.*I.18）。与前后的共和主义理论家们不同，马基雅维利从不担心雄辩术的消极作用。他十分相信公民的判断力。"如果听到两个辩论家各执一词，他们的德行又不相上下，则人民鲜有不接受更好的意见、不相信他们听到的真理的时候。"（*D.*I.58）尽管如此，马基雅维利同样明智地指出："人民往往因为受伪善的表象所欺而自取灭亡。假如没有一个值得信任的人把是非善恶讲清楚，共和国将遭受无穷无尽的灾难。如果命运没有让人民信任一个人，就像过去人们因为被某人某事所骗而时常发生的情况那样，则灾祸势所难免。"（D.I.53）

真正的政治自由不允许有任何的排斥和歧视，它只能推崇唯一的德行标准。共和国的公民坚信，如果他们的子孙拥有德行，那么他们"就有可能成为统治者"；然而，在一个君主国，就不存在这种可能，因为君主"不会奖赏那些勇敢和良好的公民，因为他不想引起他们的猜忌"（D.II.2）。共和国"以可靠和确凿的理由把光荣和奖赏赐予公民，除此以外，它不会奖赏或尊崇任何人"（D.I.16）。相反，君主很容易就会被教唆去奖赏腐化之人（D.I.58）。最后，马基雅维利觉得最重要的一个理由是，一个好的共和国的贫穷公民拥有和别人一样多的获得公共荣誉的可能性，比如在罗马，"贫穷从来不会阻断你的进路，使你无法获得官职和光荣；人们唯德行是从，从来不问出身"（D.III.25）。如果公民们可以任命自己的官长，那么那些权重望崇的职位就更可能由卓越的公民所担任。这就是共和政府能最适宜地捍卫真正的政治秩序的另一个原因。如果不让显赫的公民出任国家的最高官职，这本身就与一切良好的政治秩序的原则相违背。

马基雅维利坚信，共和国优于君主国，因为它能把政治权力授予最优秀的公民，这不仅在当时，在现在仍属一种希望而非现实。事实上，共和国的公民通常道德败坏或毫无聪明才智可言，极易被蛊惑人心的政客们玩弄于股掌之间。因此，最终共和国经常授予无能或腐化的人以官职。马基雅维利十分清醒地意识到了共和国里发生的政治腐败的危险局面，但是他还是坚信共和国优于君主国，因为在法律的护佑下，它更有可能带来政治自由的最佳结果。

9

社会冲突与政治秩序

p.83 我要说，诅咒贵族和平民纷争不已的人，他们所谴责的正是让罗马保持自由的元素。他们未看到这些嘈杂喧嚣的纷争收到的良好效果；他们没有顾及共和国皆有两种相反的气质，即民众的气质和大人物的气质，凡是有利于自由的法律，皆来自他们之间的不和，这从发生在罗马的事情便可知晓。从塔尔昆到格拉古，300年有余，罗马的纷争甚少导致流放，更鲜有流血发生。在如此漫长的岁月里，因内部分歧而被流放的公民不过8人，岂能断言这些纷争有害或分裂了共和国呢？共和国既有如此多的德行之楷模，断言它纲纪废弛，道理何在？优秀楷模生于良好的教养，良好的教养生于良法，而良法生于受到世人无端诬责之纷争也。凡细心检审其鹄的者皆可发现，它们并未造成有损于公意的流放和暴力，却导致了有益于公共自由的法律和秩序。有人说，那些办法太反常，甚或野蛮，民众嚣聚以对抗元老院，元老院亦与民众作对，喧嚷起于街市，店铺悉数关闭，百姓弃城而去，凡此种种，令读史者骇然。然而我要说，每个城邦都要有自己的一套办法，让民众一展其抱负，在重大事务上借助于平民的城邦，尤须如此。这些城邦中的罗马亦自有其法：民众希望获得一种法律时，他们要么有上述举动，要么拒绝以他们的名义开战。为了安抚他们，就需要在一定程度上满足他们。享有自由的民众，其欲望鲜有危害自由者，因为这种欲望或是生于受人欺凌，或是来自自己受到压迫的担心。倘若他们持有谬见，仍有公民大会作为补救，那里会有贤达出面，雄辩地证明他们如何陷入了自欺；正如图利所言，民虽无知，若有值得信赖者告以实情，他们既有能力辨明真相，也易于服从。

——《论李维》第1卷第4章

上海世纪出版集团，2005年版（冯克利译）

马基雅维利是第一位认为社会冲突有利于维持政治自由的政治理论家，当然冲突必须保持在正常的公共生活的范围内，不至于演化成暴力武装冲突。他不是一位民粹主义者，也并非无条件地推崇民众对贵族的仇视。相反，他极力谴责民众的野心。他说罗马的平民并不满足于自己相较于贵族的稳定身份，而是打算野心勃勃地与贵族一决高低，要求分享他们的荣誉和财产。他总结说这导致了二者在土地法问题上的争论，并最终导致了共和国的覆灭（*D.* Ⅰ.37）。如果罗马平民在300年的时间里没有形成对贵族的制衡，那么野心勃勃的贵族早就把罗马的自由给葬送了。然而，有时也需要对代表平民的护民官进行限制，因为他们的野心对共同善和国家的安全也是有害的（*D.*Ⅲ.11）。

　　比罗马更有说服力的是佛罗伦萨，那里的民众想把贵族彻底排除在政府之外。罗马民众仅合理地渴望与贵族分享国家最高的荣誉，然而佛罗伦萨人就显得"有害和不公了"。佛罗伦萨民众过分的欲望最终把贵族逼入了武装暴乱的境地。更有甚者，如果佛罗伦萨的民众希望能与贵族分享最高的政府官职，那么他们至少应该拥有跟贵族"一样的德行"。但是当他们把贵族从政府排除之后，佛罗伦萨再也无法从"贵族的尚武精神和慷慨气质"中汲取力量了，它开始越来越"孱弱和卑鄙"（*FH,* Ⅲ.1）。相反，罗马平民和贵族之间的争斗至少在一定意义上使法令同时兼顾了二者各自的利益，因此有利于维持政治自由。从古典的历史经验的考察之中，马基雅维利得出了一条对现代共和国具有普遍意义的建议："共和国皆有两种相反的气质，即民众的气质和大人物的气质，凡是有利于自由的法律，皆来自他们之间的不和。"（*D.* I .4）

马基雅维利一面称赞社会冲突，另一面又对公共生活的原则精神保持着执着的信念，这两者在本质上是一致的。当他强调社会冲突的良好效果的时候，他指的是社会冲突必须用罗马那样"和平争论"的方式，而非佛罗伦萨那样"暴力斗争"的方式来解决（*FH*, Ⅲ.1）。他同时也提出了一条后世民主思想当中的一条主要原则：民众的欲望几乎不会对自由构成威胁。他说："考察贵族之目的与平民之目的，可知前者支配欲甚强，而后者只有不受人支配的欲望，故较之权贵，他们也有强烈的意愿过自由的生活，更不愿意伤害这种自由。"因此完全有理由相信平民更能捍卫自由。"既然他们无力侵夺它，他们也不允许别人侵夺它。"一些贵族政府的支持者主张，为了满足贵族的野心，应该赋予他们更大的支配权，而把平民排除在政治权力之外，这样就能避免平民在共和国内造成的无尽麻烦，就像斯巴达和威尼斯确证的那样。马基雅维利非常明白这种论调的意思，但是他批评说贵族比平民更加危险，因为他们会担心丧失既得利益，也比平民有更多改变政治体制的方法。他得出结论说如果把所有方面统统都考虑在内的话，一个人本着建立和维持一种真正公共和自由的生活方式的目的，那么信赖平民、不必担心他们

p.86

的诉求，才真正算是明智之举（*D*.Ⅰ.5）。

只有当共和国里的所有要素都找到自己的合适位置之后，它才是完善的。马基雅维利推崇斯巴达，因为莱库古所创造的政治体制"把不同角色赋予国王、贵族和平民，使国家存续了800年，既为他本人赢得了至高的赞美，又维持了城邦的安宁"，也推崇护民官制度建立之后的完美的共和国罗马，因为"三个阶层都体现在政府之中了"（*D*.Ⅰ.3）。糟糕的共和国的典型是佛罗伦萨。马基雅维利表示它从未能够创造出容纳每个社会阶层的政治体制，因此它的政府形式摇摆于极端民粹和极端贵族之间。

马基雅维利强调，一个体制、机制完备的共和国必须高扬公民美德，以此来激励公民的政治参与，还要把最高的官职授予给那些为促进共同善表现出杰出才能的人。他认为合格的公民应该得到向上晋升的机会，相反那些不够格的公民则不应该得到任何任用。因此良好的政治与公共秩序必须有一个基于美德的公民的德行层级。马基雅维利在《论李维》当中说，共和国的公民坚信，如果他们的子孙拥有德行，那么他们"就有可能成为统治者"；然而，在一个君主国，就不存在这种可能，因为君主"不会奖赏那些勇敢和良好的公民，因为他不想引起他们的猜忌"（*D*.Ⅱ.2）。另外，共和国"以可靠和确凿的理由把光荣和奖赏赐予公民，除此以外，它不会奖赏或尊崇任何人"（*D*.Ⅰ.16）。相反，君主很容易就会被教唆去奖赏腐化之人（*D*.Ⅰ.58）。最后，马基雅维利觉得最重要的一个理由是，一个好的共和国的贫穷公民拥有和别人一样多的获得公共荣誉的可能性，比如在罗马"贫穷从来不会阻断你的进路，使你无法获得官职和光荣；人们唯德行是从，从来不问出身"（$D.\mathrm{III}.25$）。如果公民们可以任命自己的官长，那么那些权重望崇的职位就更可能由卓越的公民所担任。1521年，马基雅维利在佛罗伦萨宪制改革计划当中说，如果不让显赫的公民出任国家的最高官职，这本身就与任何良好的政治秩序的原则相违背。[23]

马基雅维利认为一个良好的共和国不必过分强调内部的安宁。如果非要以丧失独立性为代价的话，那么威尼斯人应当抛弃城邦之内的社会和谐（$D.\mathrm{I}.16$）。马基雅维利说威尼斯之所以能够捍卫其自诩的社会秩序，是因为它对拥有完全政治权的人口进行了限制，并且在战时不征召那些没有完全政治权的人们。只要威尼斯足够强大，可以阻遏潜在的外在侵略者，可以不用对外扩张就能保持自身独立，那么它的政制安排就是好的。但是一个城邦为了削弱强大而好战的邻国，就可能需要进行领土的扩张。马基雅维利敦促他的读者抛弃这种所谓的"真正的政治生活与城邦和谐"的模式。只要能恪守法治与共同善的基本原则，一个拥有大量人口和民兵的喧嚣的共和国也可能拥有完全的公共生活。除此之外，还能获得国家更加稳固和更加光荣的额外优势（$D.\mathrm{I}.6$）。

p.88

马基雅维利并不是一个主张国家对外征服的人，即便他觉得领土扩张是极为重要的。与历史上主张共同体自治的理

126

论家一样，马基雅维利认为城邦真正的强大来自政治自由、城市的繁荣和领土的扩张。但是领土的扩张并不一定是国家对外的掠夺性侵略。古托斯卡纳人的强大并不是通过对外征服，而是依靠组建共和国之间的联盟。联盟内没有谁比其他成员更优越、更有权威，"在夺取另一些城市后，他们便使其成为盟友，就像今天的瑞士人所为，或古时的亚该亚人和埃托利亚人在希腊所做的那样"（D.Ⅱ.4）。他们凭借此获得了非凡的荣耀，在整个帝国内维持了值得称赞的良好习俗和宗教信仰，因此马基雅维利十分赞赏此种做法。如果罗马的模式显得过于"困难"的话，那么他极力向佛罗伦萨的同胞们推荐古托斯卡纳人的方式。不仅在《论李维》当中，马基雅维利在所有著作中反复谴责通过征服和奴役的方式进行国家领土的扩张，因为这通常而言是"没有用处的"，对没有武装力量的共和国而言"更是无用"。

马基雅维利认为罗马的领土扩张——最好的一种扩张方式——也不是掠夺性的，因为它是依靠缔结盟友的方式完成的。罗马让各个盟友继续"保有各自的领导地位、中央权威和创制权"，并且还把公民权赋予被征服区域和盟友的人民。马基雅维利滔滔不绝地称赞了罗马的扩张策略，说它"对于那些没有被摧毁的城市，甚至那些不是作为盟友而是作为臣属听命于他们的城市，他们允许其生活在自己的法律之下。他们没有给那儿打上任何罗马帝国的标记，只要求他们遵守若干条件；只要他们遵守，就会维护他们的现状和尊严"。

佛罗伦萨人对皮斯托亚人采取庇护和友善的政策，从而"使他们甘愿接受统治"，而对比萨人、锡耶纳人和卢卡人采取掠夺性的政策，造成了"他们竭力不让自己落入佛罗伦萨的手掌"的局面。马基雅维利对前者赞不绝口，对后者则予以谴责。他仅仅把武力视为最后的手段，"这并不是说我认为不必诉诸武力，而是要把它保留到最后的时刻，在万般无奈时，再加以利用"（D.II.21）。

通过武力征服来扩大权力的渴望并非德行，而是一项极大的罪恶：这不会给国家带来强大，而是毁灭。马基雅维利在《金驴记》当中说，王国和共和国衰落的惯常原因是强者"不满足于"自己的权力。征服他国的欲望"导致国家的灭亡"，即便大家都意识到了这样的错误，"但无人能够逃避它"。几行文字过后，他又把威尼斯、斯巴达、雅典与日耳曼做了比较。前三者在征服了各自周围的区域后最终都归于毁灭，而日耳曼的自由城市是"稳固的"，即便它们的治理范围不超过城市周围六英里的区域（OW, II.762）。马基雅维利敦促佛罗伦萨人建立优良的军队，他的目的不是要他们进行征服和掠夺，也不是要他们宣示自己对其他民族的优越感。相反，他强调的是一个共和国必须要拥有可以捍卫自身自由的武装。1503年马基雅维利给大议会递交了一份演说词，试图劝说大议会开征新税以组建军队来对抗切萨雷·博尔贾的威胁。他强调，一个明智的国王或共和国绝对不会让自己的国家任由他国摆布，也绝对不会在依赖他国的时候还认为自己是安全的。为此，马基雅维利提出了一条精确的原则：“一个城邦或者国家必须把那些能侵占自己领土的政权视为敌人，并在无法自我保护的时候奋起反抗之。”[24]也就是说，一个共和国如果想要维持自己的自由，就必须具备切实的自我保护能力，切不可指望外援。共和国或君主国必须依靠广袤的领土面积来确保安全，但不能通过征服和掠夺的方式，而是要结成恰当的联盟，让那些附属的城市和民族得到一定程度的保护和公正的对待。

p.90

10

腐败社会里的共和政制

在腐败的城邦里能够维护一个自由的国家；如果不存在这样的国家，能否在那儿创建这样一个国家，我认为就此加以说明，并未脱离以上主题，而是与它颇为相合。我认为，欲成就这两件事，难乎其难。几乎不可能为它提供一条通则，因为必须按其腐败程度相机行事。然而，推究天下万物之缘由，不亦乐乎哉，是故我不想对此略而不提。我要假设一个十分腐败的城邦，这将使事情变得更加复杂，因为整治普遍的腐败的法律或制度是找不到的。良好风俗之存续，需要法律；同理，法律之得到遵从，也需要良好的风俗。再者，秩序与法律是在共和国诞生之初制定的，彼时人们依然良善；后来人们变得邪恶，它们便不再适用了。如果法律随城邦的事件而变，其制度不变或很少改变，这会使新的法律变得不充分，因为依然如故的体制将败坏法律。

……

　　如果罗马打算在腐败中维持自身的自由，它就必须创制新的制度，一如它在其生命旅程中制定新的法律。人们应当创制不同的制度和生活模式，这要依对象的优劣而定。对于截然相反的事务，不能代之以完全相同的模式。若是发现制度不再优良，就必须快刀斩乱麻，全盘予以更新；若是尚未得到大家的认可，则应循序渐进地改良，但是依我之见，这两件事几乎不可能做到。如果打算循序渐进地予以更新，这需要一个精明的人，当弊端出现时，他能明察秋毫。城邦见不到这种人并不足怪；就算他能出现，他也无法让别人相信自己理解的事情。因为习惯于某种生活样式的人，是向来不愿改弦更张的；只要他们未看到昭然若揭的罪恶，而要以推测使他们领悟，他们就更不可肯有所更易了。至于制度之不善已人尽皆知、可予全盘更新的情况，我认为，弊端固然易明，匡正又谈何容易。既然正常手段已非良善，故而正常手段已不足以竟其功；人必借反常手段，譬如暴力与军队，才能在城里人人各行其是之前，按自己的方式加以整饬。因为匡正城邦的政治生活，要以一个好人为前提；借暴力手段篡夺共和国的王位，却要以一个恶人为要件。然而鲜有好人愿意运用卑鄙的手段登上王位，即使他有着良好的目的；也鲜有恶人在登上王位后打算行善，即使他有过运用自己以卑鄙手段篡夺的权力去行善的念头。

在腐败的城邦维护共和国或予以更新极为困难或不可能，其缘由一如上述。假如确实要在这种地方创建或维持共和国，那就必须把它推向奉行王道的国家，而不是奉行民治的国家。这样一来，对于那些因其骄横而难以用法律驯服的人，可以用近乎王权的方式加以降服。

——《论李维》第1卷第18章

上海世纪出版集团，2005年版（冯克利译）

p.93 马基雅维利对破坏公共与政治生活的政治和道德腐败问题非常担心，比如，公民的风俗习惯日趋堕落，或者他们不再愿意把共同体的利益置于私人或党派利益之上。腐败还意味着德行的缺失，表现为懒惰、政治行为上的无能，或者因道德、物质力量的匮乏而无法反抗暴政或阻止某个野心家奴役人民的企图。在一个自由的共和国里，法律统治着人民，但在一个腐败的共和国里，法律得不到遵守。马基雅维利说，当公民变得腐败之后，"良法的作用形同虚设"（*D.* I.6）；如果是"一个十分腐败的城邦"，那么"整治普遍腐败的法律和制度是找不到的"（*D.* I.8）。

腐败好比一种病症，它渗透进了集体生活肌体的每一处毛孔之中，伤害着公民的风俗习惯和判断能力。《佛罗伦萨史》里面记载了一位佚名公民关于里奇家族和阿尔比齐家族之间相互斗争的描述，这也是马基雅维利本人对一个腐败共和国的最清晰表述。"年轻人游手好闲，年长者荒淫无耻，任何性别、任何年龄的人都充满了污秽堕落的习气；即便是好的法律，却遭奸人滥用，亦无补救良策。由此在公民中滋生出贪名逐利之风，他们贪图的并非真正的光荣，而是不足挂齿的名誉地位，随之而来的就是仇恨、敌对、不满和宗派，以及由此产生的死亡、放逐、好人的多遭磨难、坏人的飞黄腾达。"在腐败的共和国里，公民之间不可能存在真正的同胞情谊。公民们组成集团，想的只是怎样对国家或别的公民作恶。誓约只在有用的时候才得到尊重，并且还可以用来行骗，所以根本不可能存在人民之间的相互信任。人们对人和事的判断能力，以及所使用的语言都遭到了毁坏：歹人被誉为勤恳，义人反而被视为蠢蛋（*FH*, III.5）。

在对腐败施以仔细的诊断后，马基雅维利在《论李维》当中花费了大量的篇幅来讨论腐败的各种原因。他首先分析那些一开始就生活在奴役状态之中的城市。"那些一开始就生活在奴役中的城市，不必奇怪，它们想建立能使自己过上文明安宁生活的制度，岂止是困难，简直就是不可能。"（*D.*Ⅰ.49）佛罗伦萨就是这种类型的典型代表，它由罗马帝国的皇帝们所建立，并历来生活在外国人的统治之下，因此长期"自惭形秽"，无法实施良好的自治。在它获得一些自由之后，曾试图建立良善的政治制度，但因为新制度总是同古代与自由政府相违背的恶劣制度纠缠在一起，所以它们最终也不可谓优良。因此佛罗伦萨从来不曾建立过一个符合共和国标准的政权形式。

腐败的另外一个原因是君主制。长期生活在君主统治下的人民形成了一些奴性的习惯，他们不懂得如何自我管理，也不明白如何讨论公共事务或保护共和国免遭国外敌人的侵犯。他们也可能偶获自由，但很快就会拥戴另一位新君主的统治（*D.*Ⅰ.16）。因此罗马的幸运之处在于"国王迅速腐败，但在把腐败传播到整个城市之前就被驱逐了"（*D.*Ⅰ.17）。只要人民还未彻底腐败，罗马就能在把王驱逐之后还可享有自由。但是在罗马"腐败不堪"之后，这个城市就再也无法享有自由了，即便把恺撒、卡里古拉和尼禄全部处死，甚至"在恺撒被满门抄斩之后"（*D.*Ⅰ.17）。

君主制下的腐败侵蚀了公民的道德和物质力量：人们不去追逐共同善，而是想方设法去讨好权贵，养成了唯个别人意志马首是瞻的坏习惯。攀附权贵和由此导致的腐败都源于"绝对权力"和积累起来的个人财富。马基雅维利认为绝对权力甚至可以迅速地腐蚀一个德行优良的城邦，因为绝对权力的拥有者有能力笼络一大批朋党——只效忠于他个人而非国家的人们（D.Ⅰ.35）。与之相类似，积累起来的个人财富也是腐败的源头。通过借钱放贷、婚嫁妆奁、庇护罪犯对抗官长等各种私人恩惠的方式，富人们很容易就能收获与平等格格不入的个人权力。他们相互之间构成了紧密的朋党集团，"敢于腐蚀公共道德，践踏法律"（D.Ⅲ.28）。

攀附权贵和由此导致的腐败的另外一个原因是所谓的"绅士"阶层——一群"靠着家产的丰厚回报而游手好闲之辈。他们的生活，既无所用心于垦殖，也不从事生活必需的劳作"。他们之所以对公共生活带来危险，不仅因为其闲散的生活方式，还因为他们可以笼络一群"供其调遣"而依附于他们的臣僚。因此在绅士数量和力量最为强大的那波利王国、罗马、罗马格纳和伦巴底，这些地方从来没有建立过长时间的共和国或真正的政治生活。那些意图维持"廉洁、纯净的政治生活"的日耳曼自由城市则尽可能地消灭绅士集团（D.Ⅰ.55）。

拯救一个腐败的共和国，要么通过和平改革的方式，要么通过暴力和绝对权力的方式。马基雅维利强烈建议采取前者。在腐败的城邦里运用非常手段去建立共和国，那个人就必须成为君主，并按照自己认为合适的方式加以处置城邦事务。重新恢复城邦的政治生活秩序，需要一个好人，但是只有恶人才能够获得绝对的政治权力。因此，马基雅维利说：

"鲜有好人愿意运用卑鄙的手段登上王位，即使他有着良好的目的；也鲜有恶人在登上王位后打算行善，即使他有过运用自己以卑鄙手段篡夺的权力去行善的念头。"（D.Ⅰ.18）《佛罗伦萨史》当中也有类似的告诫——一个爱国者在敦促城市的执政团恢复"真正自由、文明的生活"时说："现在仁慈地运用法律实现那些目标，倘若有所延误，则民众将迫不得已通过武力实现它们。"（FH，Ⅲ.5）

通过和平改革的方式来恢复腐败城邦的政治生活秩序是一件相当困难的事情。如果某个精明的人能够预见现存制度的缺陷，并能说服其他公民加以改变，那么改革就能够以和平的方式进行。然而，精明之人罕见；更为罕见的是他还能说服公民改变早就适应的生活方式，以提前预防他们还未察觉到的罪恶。通过暴力和绝对权力极难推进城邦的改革，与此相类似，依赖寻常手段的改革也几乎不可能。然而，这并不意味着人们应该放弃努力，马基雅维利无非是要说明只有非凡的人，才能完成这项事业。通过自己的卓越德行和勇气，他们能够使新制度焕发生机，从而驯服人们的野心和傲慢性情。这些卓绝的公民不必吝啬运用帝王般的权力手段。马基雅维利在这里极力推荐君主制，因为在一个良好的政府所应包含的君主、贵族和平民三要素之中，君主或者执行的比重必须要在一定时期内拥有对其他两者的绝对优势（D.Ⅰ.18）。

只有依靠一个帝王般的个人，良好的政治生活秩序才能得以恢复。这个观点与马基雅维利关于公共生活的原则并不违背，也并不意味着最好的政府形式不再是混合制的——它包含着君主制的成分，比如像佛罗伦萨（1503—1512年）正义旗手或者威尼斯总督一样的终身执政官。尽管马基雅维利强调了国家创建者和拯救者的非凡德行，但是他仍然推崇法治，因为后者才是他共和主义思想的核心原则。在共和国的草创时期，法律还不完备；或者在重大的危急时刻，极端的腐败使法律不被尊重，那么国家的开创者或拯救者就需要借用自己卓越的德行来建立法律，或者恢复法制的力量。马基雅维利说，恢复腐败城邦的自由"仅需依靠个人的纯洁德行，不必求助于任何法律"（*D*.Ⅲ.1）。之所以称为"纯洁德行"，是因为他不会取代而是要建立或者恢复法治。马基雅维利的共和主义理论当中同时包含了法治和人治两种成分。离开了其中的任何一种，另外一种根本不能或者无法持续地产生作用。在法治还未建立，或者法治因为腐败而遭到破坏的时候，就需要个人运用自己的德行去建立法治，或者使已有的法律重现生机（*D*.Ⅲ.30）。共和国一旦被建立，或者被重新拯救之后，国家就应该交付给公民。如果想要共和国长久地兴旺发达，人民就应该把自己最深沉的挚爱和智慧统统贡献给她。

1   Ernst Cassirer, *The Myth of the State* (New Haven, Yale University Press, 1946), p.130.

2   *Opere*: Vol, II , p.774-5.

3   B. Latini, *Li lives dou tresor*, in F. J. Carmody (ed.)(Berkeley and Los Angeles, University of California Press, 1948), Book I , Chapter 4.

4   C. Salutati, *De nobilitate legum et medicinae*, in E. Carin (ed.)(Florence, 1947), p.168.

5   *Ibid.*, p.170.

6   *Ibid.*, p.170.

7   Leonardo Bruni Aretino, *Humanistische-Philosophische Schrifen* (Leipzig and Berlin, 1928), p.73.

8   See F. Gilbert, 'Florentine Political Assumptions' , in *Journal of the Warburg and Courtauld Institutes*, 20(1957), p.208.

9   See F. Gilbert, 'Florentine Political Assumptions' , in *Journal of the Warburg and Courtauld Institutes*, 20(1957), p.208.

10   Francesco Guicciardini, *Dialogue on the Government of Florence*, Alison Brown (ed.)(Cambridge University Press, 1994), p.159.

11   Angelo Poliziano, 'Oratio Super Fabio Quintiliano et Statii Sylvis' , in Eugenio Garin (ed.), *Prosatori Latini del Quattrocento* (Milano-Napoli, Ricciardi, date unknown), pp.883-5.

12   *The Miscellaneous Works of Lord Macaulay* (New York and London, Harper & Bros, 1899), vol. I , pp.69-71 and 122.

13   Carlo Curcio, *Machiavelli nel Risorgimento* (Milano, Giuffré, 1953), pp.22-3.

14   Cicero, *Of the Orator*, II . IX. 36.

15   *Institutio Oratoria*, III . VIII. pp.66-7.

16   *Institutio Oratoria*, XIII. II . pp.29-31.

17   Leonardo Aretino, *Istoria Fiorentina*, tradotta in volgare da Donato Acciajuoli (Florence, Le Monnier, 1861) pp.3-4.

18   *Ibid.*, p.4.

19   *Istoria di M. Poggio Fiorentino*, tradotta di Latino in Volgare da Iacopo suo figliuolo (Florence, Filippo Giunti, 1598) pp.1-2.

20   Felix Gilbert, 'Machiavelli: The Renaissance of the Art of War', in P. Paret (ed.), *Makers of Modern Strategy* (Princeton University Press, 1986), p.24.

21   'Discursus Florentinarum Rerum', in *Opere*, vol. I , p.744.

22   关于罗马共和主义政治理论中名声（fame）和光荣（glory）的区别，参见 Donald Earl, *The Moral and Political Tradition of Rome* (Ithaca, New York, Cornell University Press, 1967), p.30.

23   'Discursus Florentinarum rerum', in *Opere*, vol. I , p.739.

24   'Parole da dirle sopra la provisione del danaio, facto un poco di proemio et di scusa', in *Opere*, vol. I , pp.12-15.

年　表

1469年	5月3日，尼科洛·马基雅维利出生于佛罗伦萨；他的母亲是巴托洛梅亚·德·内莉。

1476年　尼科洛入学文法学校。

1481年　在保罗·隆奇利奥纳的指导下学习拉丁文。

1486年　贝尔纳多·马基雅维利（尼科洛的父亲）带回家一本李维的《罗马史》。这成为他日后创作《论李维》的渊源。

1498年　马基雅维利被任命为佛罗伦萨第二秘书厅秘书长；随后又被任命为"自由与和平委员会"秘书。他的主要工作是协助执政团办理外交事务。他与佛罗伦萨共和政府的最高领导人正义旗手（正义旗手是佛罗伦萨共和政府的最高官职，负责代表和协调政府各机构）皮耶罗·索德里尼的关系也非常亲近。

1499年　马基雅维利因公务被派往佛利，结识了伯爵夫人卡泰丽娜·斯福尔扎。

1500年　5月19日，尼科洛的父亲贝尔纳多去世。马基雅维利完成了出使法国的外交首秀，面见了法王路易十二，以及鲁昂的枢机主教乔治·昂布瓦兹。

1501年　马基雅维利与玛丽埃塔·科尔西尼结婚，后育有七个子女：普里梅拉纳、贝尔纳多、卢多维科、圭多、巴托洛梅亚（又名巴奇娅或巴奇娜）和托托。

1502—1503年　马基雅维利帮助皮耶罗·索德里尼成为终身正义旗手。他还因为筹集资金创建佛罗伦萨的国民军，撰写了《关于资金法案的讲话》。在外交事务上，马基雅维利与切萨雷·博尔贾会晤。雄心勃勃的博尔贾是教皇亚历山大六世的儿子，渴望在意大利中部建立一个君主国，后来因为自己父亲的死亡而失势。

1504年　马基雅维利第二次出使法国面见法王路易十二。他创作了三行体诗歌《十年纪第一》，记载了1494年以来佛罗伦萨和意大利的历史。此外，他还出使了曼图亚和锡耶纳。

1506年　马基雅维利奉命出使面见教皇尤利乌斯二世。

1506年　马基雅维利组织创建了由佛罗伦萨乡村人口组成的国民军；创作了诗歌《论命运》。

1507—1508年　马基雅维利出使面见了神圣罗马帝国皇帝马克西米利安。

1509年　佛罗伦萨军队攻占了比萨；马基雅维利组织了最终使比萨投降的

谈判。

1510—1511年　因协商高卢教会的分裂事宜，马基雅维利前后两次出使法国宫廷，使宗教会议地点从之前的比萨改到了米兰。

1512年　西班牙和教皇军队攻陷普拉托后，索德里尼共和政府被推翻，梅迪奇家族重新控制了佛罗伦萨。

1513年　马基雅维利被罢官，紧接着被判处一年监禁，被禁止离开国境；然后，又因阴谋推翻新成立的梅迪奇政权的罪名，被捕入狱，受到酷刑的折磨。在焦瓦尼·德·梅迪奇被选为教皇称利奥十世后，3月，马基雅维利被释放。此后，他回到了佩尔库西纳德的圣安德里亚的乡村隐居起来。在这里，马基雅维利着手创作《论李维》和一部日后必负盛名的短书《君主论》。

1515—1516年　马基雅维利着手创作诗歌《金驴记》，但并未最终完成；并经常在奥里切拉里花园与一帮佛罗伦萨的年轻贵族讨论他效仿古罗马共和国政治的想法。

1518年　马基雅维利创作了喜剧《曼陀罗》。该剧一经上映就取得了巨大的成功，成为意大利戏剧史上最优秀的作品之一。同时，他还创作了《贝尔法格尔》，又名《魔鬼娶妻记》。

1519年　《曼陀罗》出版。

1520年　马基雅维利在为卢卡的一位领主（1281—1328年）创作《卢卡人卡斯特鲁乔·卡斯特拉卡尼传》的时候，受到枢机主教朱利奥·德·梅迪奇（后称教皇克莱门特七世）的委托撰写佛罗伦萨的历史。另外，还是在这位主教的委托下，为保证梅迪奇政权向共和政府和平过渡，马基雅维利筹划了一份宪政建议书，即《论小洛伦佐去世后佛罗伦萨的政务》。

1521年　佛罗伦萨政府派遣马基雅维利赴卡尔皮处理小兄弟会修道院间相互关系事务。在卡尔皮，他与弗朗切斯科·圭恰迪尼成为朋友。是年，马基雅维利出版了对话录著作《用兵之道》。他在书中表达了回归古罗马军事制度和精神原则的渴望。该作品是马基雅维利生前唯一出版的政治和历史著作，尽管他的其他作品以手稿的形式流传着。

1525年　马基雅维利创作了另一部喜剧作品《克莉齐娅》，以及《关于我们的语言的对话》。这两部著作的作者的身份长期以来颇受争议。

1526年	马基雅维利把《佛罗伦萨史》呈献给了教皇克莱门特七世。
1527年	马基雅维利为一个业余的宗教团体创作了一份劝谏文《劝忏悔辞》。西班牙和日耳曼军队攻陷了罗马。梅迪奇政权被推翻，佛罗伦萨再次建立起了共和政府。马基雅维利于6月21日去世，被埋葬在了桑达·克罗切教堂。
1531年	在教廷的允许下，《论李维》出版。
1532年	在教廷的允许下，《君主论》出版。
1559年	马基雅维利的著作被教廷列为禁书，不得售卖、阅读和引用；马基雅维利的姓名不得出现在任何书籍之中。
1640年	爱德华·达克斯首次把《君主论》译为英文。

拓展阅读

Works by Machiavelli in English

《君主论》(*The Prince*), trans. Peter Bondanella, introduction by Maurizio Viroli (Oxford University Press, 2005).

《论李维》(*Discourses on Livy*), ed. and trans. Harvey C. Mansfield and Nathan Tarcov (University of Chicago Press, 1996).

《佛罗伦萨史》(*Florentine Histories*), ed. and trans. Laura F. Banfield and Harvey C. Mansfield, Jr. (Princeton University Press, 1988).

《用兵之道》(*The Art of War*), ed. and trans. Christopher Lynch (University of Chicago Press, 2003).

《马基雅维利与朋友们：书信集》(*Machiavelli and his friends: Their Personal Correspondence*), ed. and trans. James B. Atkinson and David Sices (Dekalb, Northern Illinois University Press, 1996).

《曼陀罗》(*The Mandrake Root*), in The Portable Machiavelli, ed. and trans. Peter Bondanella and Mark Musa (New York, Penguin, 1979)

Readers

《马基雅维利全集》(*The Chief Works and Others*), ed. and trans. Allan Gilbert (Durham, NC, Duke University Press, 1965), 3 vols.

Machiavelli's life

Roberto Ridolfi, *The life of Niccolò Machiavelli* (University of Chicago Press, 1963).

Sebastian de Grazia, *Machiavelli in Hell* (Princeton University Press, 1989).

Maurizio Viroli, *Niccolò's Smile: A Biography of Machiavelli*, trans. Anthony Shugaar (New York, Farrar, Straus and Giroux, 2002).

Historical and intellectual context

Quentin Skinner, *The Foundation of Modern Political Thought* (Cambridge University Press, 1978), 2 vols.

John A. G. Pocock, *The Machiavellian Moment: Florentine Political Thought and the Atlantic Republican Tradition* (Princeton University Press, 1975).

Maurizio Viroli, *From Politics to Reason of State* (Cambridge University Press, 1992).

Gisela Bock, *Quentin Skinner and Maurizio Viroli* (eds.), Machiavelli and Republicanism (Cambridge University Press, 1990).

Felix Gilbert, *Machiavelli and Guicciardini, Politics and History in Sixteenth Century Florence* (Princeton University Press, 1965).

J. R. Hale, *Machiavelli and Renaissance Italy* (London, English University Press. 1961).

Hans Baron, *The Crisis of the Early Italian Renaissance* (Princeton University Press, 1966).

Studies on Machiavelli's political and philosophical ideas

Isaiah Berlin, 'The Originality of Machiavelli, in *Against the Current* (New York, Viking Press, 1980) pp. 25-79.

Hans Baron, 'Machiavelli: The Republican Citizen and the Author of The Prince', in *English Historical Review*, 76 (1961), pp. 217-53.

Marcia Colish, 'The Idea of Liberty in Machiavelli', in *Journal of the History of Ideas*, 32 (1971), pp. 323-51.

Eugene Garver, *Machiavelli and the History of Prudence* (Madison, University of Wisconsin Press, 1987).

A. H. Gilbert, *Machiavelli's Prince and its Forerunners: The 'Prince' as a Typical Book de Regimine Principum* (Durham, NC. Duke University Press, 1938).

Mark Hulliung, *Citizen Machiavelli* (Princeton University Press, 1983).

Victoria Kahn, *Machiavelli Rhetoric: From the Counter-Reformation to Milton* (Princeton University Press, 1994).

Harvey C. Mansfield, *Machiavelli's Virtue* (University of Chicago Press, 1996).

Anthony Parel, *The Machiavelli Cosmos* (New Haven, Yale University Press, 1992).

Anthony Parel, *The Political Calculus: Essays on Machiavelli's Philosophy* (University of Toronto Press, 1972).

Hanna Pitkin, *Fortune is a Woman: Gender and Politics in the Thought of Niccolò Ma-*

chiavelli (Berkley and Los Angeles, University of California Press, 1975).

Quentin Skinner, *Machiavelli* (New York, Hill and Wang,1981).

Vickie B. Sullivan, *Machiavelli's Three Romes: Religion, Human Liberty, and Politics Reformed* (Dekalb, Northern Illinois University Press, 1996).

Maurizio Viroli, *Machiavelli* (Oxford University Press, 1998).

索　引
（原书页码）

图书在版编目（ＣＩＰ）数据

如何阅读马基雅维利 /（意）毛里齐奥·维罗利
（Maurizio Viroli）著；刘国栋译 . -- 重庆：重庆大
学出版社，2022.12
（大家读经典）
书名原文: How to Read Machiavelli
ISBN 978-7-5689-3544-9

Ⅰ . ①如… Ⅱ . ①毛… ②刘… Ⅲ . ①马基雅维里
(Machiavelli, Niccol 1469–1527)—政治思想—研究 Ⅳ .
①D095.463

中国版本图书馆CIP数据核字（2022）第173064号

如何阅读马基雅维利
RUHE YUEDU MAJIYAWEILI

［意］毛里齐奥·维罗利（Maurizio Viroli） 著
刘国栋 译

策划编辑：姚 颖
责任编辑：姚 颖
责任校对：关德强
装帧设计：Moo Design
责任印制：张 策

重庆大学出版社出版发行
出版人：饶帮华
社址：（401331）重庆市沙坪坝区大学城西路21号
网址：http://www.cqup.com.cn
印刷：重庆市正前方彩色印刷有限公司

开本：890mm×1240mm 1/32 印张：6.75 字数：138千
2022年12月第1版 2022年12月第1次印刷
ISBN 978-7-5689-3544-9 定价：52.00元

版贸核渝字(2021)第102号